Weiterführend empfehlen wir:

Schnellkurs Aktien
ISBN 978-3-8029-3689-0

Schnellkurs Investmentfonds
ISBN 978-3-8029-3751-4

Aktien: Wann kaufen, wann verkaufen?
ISBN 978-3-8029-3614-2

Abgeltungsteuer: Der kleine Berater für Anleger und Sparer
ISBN 978-3-8029-3527-5

Steueroasen 2009
ISBN 978-3-8029-3428-5

Profi-Handbuch Daytrading
ISBN 978-3-8029-3318-9

Profi-Handbuch Zertifikate
ISBN 978-3-8029-3797-2

Profi-Handbuch Investmentfonds
ISBN 978-3-8029-3365-3

Weitere Titel unter: www.WALHALLA.de

E-Mail: WALHALLA@WALHALLA.de
http://www.WALHALLA.de

Walhalla Fachverlag · Haus an der Eisernen Brücke · 93042 Regensburg
Telefon (09 41) 56 84-0 · Telefax (09 41) 56 84-111

Georg Hierstetter

Schnellkurs

Daytrading

Gewinnen durch gezieltes Timing
Die Erfolgsgeheimnisse für Einsteiger

6., aktualisierte Auflage

WALHALLA
FACHVERLAG

Bibliografische Information der Deutschen Nationalbibliothek
Die Deutsche Nationalbibliothek verzeichnet diese Publikation in der Deutschen Nationalbibliografie; detaillierte bibliografische Daten sind im Internet über http://dnb.d-nb.de abrufbar.

Zitiervorschlag:
Georg Hierstetter, Schnellkurs Daytrading
Walhalla Fachverlag, Regensburg 2009

Hinweis: Unsere Ratgeber sind stets bemüht, Sie nach bestem Wissen zu informieren. Die vorliegende Ausgabe beruht auf dem Stand von Mai 2009.

6., aktualisierte Auflage

Produktion: Walhalla Fachverlag, 93042 Regensburg
Umschlaggestaltung: grubergrafik, Augsburg
Druck und Bindung: Westermann Druck Zwickau GmbH
Printed in Germany
ISBN 978-3-8029-3712-5

Nutzen Sie das Inhaltsmenü:
Die Schnellübersicht führt Sie zu Ihrem Thema.
Die Kapitelüberschriften führen Sie zur Lösung.

Schnellübersicht

Schnellübersicht

Ihr Aufstieg in die Königsklasse

Wenn Sie folgende Fragen mit Ja beantworten können, so ist dieses Buch für Sie geeignet, Ihnen die derzeit modernste Art des Börsenhandels aufzuzeigen: das Daytrading.

- Sind Sie am Börsengeschehen interessiert?
- Geht Ihr Interesse über den üblichen Rahmen hinaus?
- Sind Sie bereit, einiges an Zeit und Geld zu investieren, um professionell an den Börsen handeln zu können?
- Sehen Sie für sich Möglichkeiten, direkt und auf eigene Verantwortung erfolgreich in den Märkten traden zu können?
- Sind Sie auch bereit, sehr hart dafür zu arbeiten?
- Lieben Sie die Herausforderung und den Nervenkitzel?

Die höchste Technik für seine Handelsentscheidungen zu haben, ist nur eine Seite der Medaille. Um ein wirklich erfolgreicher Trader zu werden, muss auch die zweite Seite, nämlich Ihre Persönlichkeit, diesen hohen Anforderungen entsprechen.

Besonders gefordert werden:

- Disziplin
- Lernbereitschaft
- Entscheidungsstärke
- Nervenstärke
- gute mentale und körperliche Fitness
- richtiges Verständnis für die Interpretation der jeweiligen Marktsituation

Einige Punkte davon können Sie erlernen, andere jedoch müssen in Ihrem Charakter und Ihrer Persönlichkeit bereits vorhanden sein.

Gewinnen durch gezieltes Timing

Daytrading zielt darauf ab, kurzfristige Marktschwankungen zu erkennen und diese zum eigenen Vorteil auszunutzen. Durch die Volatilität in diesen Märkten und das bewusst eingegangene hohe Risiko kann hier enorm verdient werden.

Ein- oder zweimal im Monat Aktien über Ihre Hausbank zu kaufen, die Sie je nach Qualität über Wochen, Monate oder Jahre behalten, ist sicherlich auch ein empfehlenswerter Weg, doch entspricht dies nach meiner Einschätzung nicht den modernen Möglichkeiten des Börsengeschehens und ist auch nicht Grundlage dieses Buches.

Sollten Sie sich zum Daytrading entschließen, so verspreche ich Ihnen ab sofort ein aufregenderes Leben und hoffentlich guten Erfolg bei Ihren Trades!

Georg Hierstetter

Chancen und Risiken beim Daytrading

Ein hohes Verlustrisiko steht im Gegensatz zu einer hohen Gewinnerwartung. In keinem anderen Börsensegment kann in extrem kurzer Zeit so viel Geld verdient oder auch verloren werden. Der sehr hohen Gewinnerwartung steht im Extremfall auch ein Totalverlust gegenüber.

Dies begründet sich aus der Art der Instrumente heraus. Bei den Futures und Optionen muss nur ein relativ geringer Einschuss gezahlt werden, um damit ein Vielfaches davon an Geld bewegen zu können. Dabei spricht man dann von der sogenannten Hebelwirkung oder dem Leverage-Effekt. Dieser wirkt naturgemäß in beide Richtungen. Dies macht jedoch den besonderen Reiz dieses Instrumentes aus.

Daher sollten Sie sich vor dem Einstieg in dieses Börsensegment immer dieser Gefahren bewusst sein. Das Trading mit Futures und Optionen versteht keinen Spaß. Der Markt hat zuletzt immer Recht. Das Traden mit Derivaten ist ein in sich geschlossener Kreislauf, ein sogenanntes Null-Summen-Spiel. Was der eine Marktteilnehmer gewinnt, verliert der andere.

Im Kern treffen diese Ausführungen für alle Aktivitäten an der Börse zu. Die Börse ist nun mal keine Einbahnstraße. Gewinne und Verluste gehören dazu. Jedoch damit richtig umgehen zu können, das ist in der Praxis die Kunst, die zu erlernen ist. Hilfsmittel sind maschinelle Stopporders, die automatisch die Position glattstellen, wenn der Kurs sich in Höhe einer bestimmten Punktzahl in die falsche Richtung bewegt.

Bedenken Sie: Der Markt kennt keine Emotionen!

Betreiben Sie das Daytrading immer nur mit tatsächlichem Risikokapital. Verlieren Sie davon einen Teil, so bleiben Sie dennoch gelassen und psychologisch stabil, da dies Ihre persönliche Situation nicht wesentlich beeinträchtigt.

Sind Sie erfolgreich und auf der Gewinnerstraße, so ist es höchst angenehm, innerhalb eines Jahres sein Kapital oftmals vervielfachen zu können und dabei als selbstständiger Unternehmer zu handeln und nur sich selbst gegenüber verpflichtet zu sein. Bedenken Sie aber auch die Risiken sehr genau!

Abkürzungen

CFD	Computational Fluid Dynamics
CME	Chicago Mercantile Exchange
DAX	Deutscher Aktien Index
Dow Jones	Bekanntester amerikanischer Börsenindex
EUREX	Terminbörse (mit Sitz in Frankfurt)
EURO STOXX	Index der 50 größten Aktienwerte in Europa
EZB	Europäische Zentralbank
FED	Amerikanische Notenbank
GD	Gleitender Durchschnitt
LIFFE	London International Financial Futures Exchange
MACD	Moving Average Convergence Divergence
NASDAQ	Amerikanische Technologiebörse (in New York)
OBV	On Balance-Volume
RSI	Relative-Stärke-Index
S&P 500	Standard & Poor's (amerikanischer Index mit 500 Werten)
TBI	Trend-Bestätigungs-Indikator

Testen Sie: Ihre Daytrading-Fähigkeiten

1

Selbst-Check: Ihre Persönlichkeit und Finanzen

Bevor Sie Ihre persönliche und berufliche Zukunft im Daytrading und dort speziell im Handel mit dem Future erkennen, sollten Sie sich über Ihre persönliche und finanzielle Eignung mehr Klarheit und Sicherheit verschaffen.

Bitte legen Sie nicht jede der nachfolgend gestellten Fragen auf die Goldwaage. Jedoch sollten Sie bei der Beantwortung ehrlich zu sich selbst sein, um daraus Anhaltspunkte entnehmen zu können, ob Sie tatsächlich für eine Tätigkeit als Daytrader geeignet sind.

Checkliste: Ihre Eignung für Daytrading

Frage	Ja	Teil-weise	Nein
Sind Sie generell an wirtschaftlichen und politischen Fragen interessiert?			
Fasziniert Sie das Börsengeschehen und die Entwicklung der Kurse?			
Haben Sie bereits an der Börse aktiv gehandelt?			
Können Sie mindestens einen Zeiteinsatz von zwei bis drei Stunden täglich erbringen?			
Sind Sie bereit, täglich hinzuzulernen und sich laufend selbst weiterzubilden?			
Würden Sie auch Fachseminare und Workshops besuchen, um Ihren Wissensstand laufend zu verbessern?			
Entscheiden Sie schnell und konsequent, auch wenn Sie teilweise falsch liegen?			
Meinen Sie, Verlust-Trades kurzfristig entsprechend verarbeiten zu können?			

noch: Checkliste: Ihre Eignung für Daytrading

Frage	**Ja**	**Teil-weise**	**Nein**
Haben Sie genügend Selbstvertrauen in Ihr Leistungsvermögen?			
Würden Sie auch Ratschläge von erfahrenen Tradern und Fachleuten annehmen?			
Ist Ihr Nervenkostüm gefestigt?			
Können Sie unter Stress gelassen reagieren?			
Halten Sie Ihre gesetzten Pläne und Vorgaben ein?			
Sind Sie der modernen EDV-Technik gegenüber aufgeschlossen?			
Möchten Sie mit Daytrading ganz bewusst Geld verdienen, oder betrachten Sie dies nur als eine intellektuelle Herausforderung?			
Besitzen Sie ein ausreichendes Risikokapital von mindestens 50.000 Euro?			
Könnten Sie einen teilweisen oder gänzlichen Verlust Ihres Risikokapitals ohne große Probleme verschmerzen?			
Können Sie mit Gewinnen und Verlusten umgehen?			
Sind Sie bereit, für den Erfolg auch Risiken einzugehen?			
Sind Sie diszipliniert?			
Würden Sie die Risikobegrenzungen in Form von gesetzten Stopps konsequent beachten?			
Sind Sie davon überzeugt, immer nur im richtigen Verhältnis vom tatsächlichen Einsatz zum Gesamtkapital (maximal 1 %) zu traden?			

noch: Checkliste: Ihre Eignung für Daytrading

Frage	Ja	Teilweise	Nein
Haben Sie Ihre Emotionen im Griff?			
Können Sie in Ihrer Freizeit von beruflichen Problemen abschalten und relaxen?			
Sind Sie in der Lage, diese Tätigkeit strikt vom Familienleben trennen zu können?			

Bitte werten Sie Ihre Antworten für sich selbst aus. Dieser kurze Selbst-Check soll Ihnen Erkenntnisse darüber bringen, ob Sie die Grundvoraussetzungen für einen Daytrader mitbringen, und zugleich als Entscheidungsgrundlage dienen.

Wichtig: Von den 24 gestellten Fragen sollten Sie guten Gewissens mindestens 19 mit „Ja" beantworten können.

Fitness für die Praxis

Falls Sie sich dazu entschließen, intensiver in das Börsengeschehen einzusteigen, so stehen Sie sofort vor mehreren entscheidenden Fragen:

- Wer bietet diese Dienstleistung an?
- Mit welchen Kosten und welchem zeitlichen Aufwand ist dies verbunden?
- Wie gestaltet sich der gesamte praktische Ablauf?
- Sie sollten sich einen für Sie passenden Anbieter suchen und dort einen Gesprächstermin vereinbaren. Dabei können Sie sich einen eigenen Eindruck verschaffen, sich über das Angebot informieren und den weiteren Werdegang besprechen. Diese Art der Dienstleistung bieten in Deutschland nur sehr wenige Firmen an (siehe „Hilfreiche Adressen" am Ende des Buches).

Der normale Ablauf in einem Börsencenter wird nachfolgend skizziert.

Kennenlernphase

Der Interessent erhält ein Probetraining oder einen sogenannten Schnupperkurs. Beides ist selbstverständlich kostenlos und ohne jegliche Verpflichtung. Dabei werden dem Interessenten die Grundzüge des vollelektronischen Handels beim Daytrading sowie die Instrumente hierfür, dies sind Futures und Optionen, erklärt und demonstriert. Desgleichen wird versucht, grundlegende Zusammenhänge und Wirkungsweisen aufzuzeigen.

Der Interessent soll dadurch in die Lage versetzt werden, sich selbst eine Meinung darüber zu bilden, ob:

- er für diese Art der Tätigkeit geeignet ist
- sie ihm Spaß macht und eine Herausforderung darstellt
- er Zusammenhänge wirtschaftlicher Art begreift
- er für die Wechselwirkung zwischen Nachricht und Chartbewegung sensibel ist
- er den erforderlichen Zeiteinsatz bringen will
- er das erforderliche Risikokapital hat und die entsprechende Persönlichkeit hierfür ist
- er mit der Technik zurechtkommt

Der Interessent soll die Entscheidung darüber treffen, ob ihm die aufgezeigten Grundzüge beim Daytrading gefallen und ob er bereit ist, weitere Zeit und auch Geld in die Ausbildung zu investieren.

Testphase

Dieser Abschnitt beinhaltet die Bereiche Einarbeitung, Training und Fitness.

Entschließt sich der Interessent zu diesem Schritt, so schließt er mit dem Börsen-Center eine entsprechende Vereinbarung über die

Anmietung eines Börsenarbeitsplatzes ab. Der Mietvertrag sollte vorerst nur einen Monat laufen.

In dieser Zeit kann der angehende Trader nun im Rahmen seiner Möglichkeiten versuchen, möglichst oft am Bildschirm zu trainieren, angebotene Schulungen und Seminare zu besuchen, von erfahrenen Tradern und der Centerleitung zu lernen und möglichst oft zu versuchen, seine Überlegungen und Entscheidungen zu durchgeführten Trades zu besprechen.

Wichtig: Von Vorteil ist, dass es Simulationsprogramme gibt, die mit Echtzeitdaten und Nachrichten arbeiten, die Wirklichkeit auch in Bezug auf die eingegangenen Trades anzeigen, jedoch nur auf einem fiktiven Konto handeln. Dies bedeutet, es wird kein wirkliches Geld eingesetzt, alle Trades laufen nur virtuell, demnach ohne jegliches Risiko.

Deshalb kann der angehende Trader nach Herzenslust verschiedene Techniken testen, um für sich die beste Strategie zu finden.

Praxis-Tipp:

Auf diese Weise erhält ein Anfänger praktisches Wissen und eine fundierte Markteinschätzung:

- tägliche Gespräche mit erfahrenen Tradern
- Einzelcoaching
- genaue Analyse und Auswertung der eingegangenen Trades
- Aufzeigen von Schwachstellen
- Erkennen von Einstiegs- und Ausstiegssignalen etc.

Mit jedem eingegangenen Trade wird der Erfolg oder Misserfolg am Bildschirm angezeigt. Beim Abschluss der Handelstätigkeit erfolgt ein Tagesausdruck der durchgeführten Trades.

Entscheidungsphase

In der letzten Woche dieses Trainingsmonats sollte sich der Aspirant entscheiden, ob das bisher erlernte Wissen im modernen Tageshandel seinen Erwartungen entspricht und ob er für sich Perspektiven sieht.

Trifft dies zu, sollte er nun sein eigenes Börsenkonto einrichten und die Börsentermingeschäftsfähigkeit, falls noch nicht vorhanden, beantragen

Wichtig: Das zu eröffnende Konto wird auf Ihren Namen eingerichtet. Auf das Konto haben nur Sie selbst Zugriff mittels eines Passwortes, ebenso wie die Brokerbank für die elektronischen Buchungen, resultierend aus Ihren aufgegebenen Orders. Das Tradingcenter kann und darf mit Ihrem Geld nicht spekulieren.

Anschließend wird das gesamte Procedere, zusätzlich der Verwaltungstätigkeiten, erledigt und Ihr Börsenkonto freigeschaltet.

Handelsphase

Nun ist die letzte Hürde zu nehmen, nämlich die vom Simulieren eines Trades zu einer echten Order, die jetzt auch in der Wirklichkeit mit einem Gewinn oder Verlust zu tun hat. Mit dem ersten Klick (Aufgabe einer Order) wird aus dem Aspiranten ein echter Trader.

Achtung: Ab diesem Zeitpunkt ist der Trader allein auf sich gestellt, das heißt er muss selbst seine eigenen Entscheidungen treffen. Solange der Trader im Markt ist, kann und darf er nicht beraten werden. Dies allein schon aus haftungsrechtlichen Gründen, da ansonsten der Tippgeber unter Umständen zu Schadenersatzansprüchen herangezogen werden könnte.

Nun trifft der aus der Werbung bekannte Spruch zu: Nur wer mitspielt (im Markt ist), kann gewinnen!

Der Trader muss nun diese letzte psychologische Hürde überspringen, selbst drücken (oder aufgeben) und dabei seine entsprechenden Ein- und Ausstiegssignale beachten. Erst nach Beendigung seiner Tagestrades sollte eine Analyse erfolgen, die im Wesentlichen folgende Inhalte hat:

- Warum wurde zu diesem Zeitpunkt genau diese Position eröffnet?
- Was waren die Kauf- oder Verkaufssignale?
- Aufgrund welcher Einschätzungen wurden die jeweiligen Entscheidungen getroffen?

Praxis-Tipp:

Diese Tagesanalyse ist äußerst wichtig, da sie die Grundlage für das Erkennen von Fehlern oder Schwachstellen bildet und sie das Tradingverhalten für die Zukunft verbessern sollte.

Notwendige Eigenschaften eines Daytraders

Gefestigte Persönlichkeitsstruktur

Dies ist einer der zentralen Punkte, um langfristig ein erfolgreicher Daytrader zu werden oder zu sein. Sie werden bei dieser Tätigkeit sehr viel über sich selbst und damit über Ihre Charakterzüge erfahren. Es gilt nun, diese von Ihnen erkannten Wesenszüge zu kanalisieren, wo es nötig ist, zu verbessern, und nach Möglichkeit in weitere Bereiche Ihres Lebens positiv einzubringen.

Hierzu gehören vor allem:

- ein gesundes Maß an Risikobereitschaft
- eine positive Grundeinstellung
- Nervenstärke
- Disziplin
- Ausdauer
- Lernbereitschaft
- Fitness, sowohl geistig wie auch körperlich
- Ausgeglichenheit
- mentale Stärke
- der Wille, erfolgreich zu sein

Praxis-Tipp:

- Beachten Sie unter allen Umständen, dass Sie nur einen Teil Ihres frei verfügbaren Vermögens oder Einkommens als Risikokapital einsetzen. Ihre private Lebensführung darf dadurch nicht wesentlich eingeschränkt werden.
- Das Daytrading darf nicht in Glücksspielmanier betrieben werden. Es unterscheidet sich davon wesentlich.
- Sie sollten die erforderlichen Grundkenntnisse besitzen oder bereits praktische Erfahrungen in diesem Marktsegment gesammelt haben.
- Sie müssen die von der Börse vorgeschriebene Börsentermingeschäftsfähigkeit besitzen.
- Sie sollten mindestens über ein Risikokapital von 30.000 Euro verfügen, noch besser wären 50.000 Euro. In aller Regel benötigen Sie eine Sicherheitseinlage, auch Margin genannt, in Höhe von 10.000 Euro.

Zielgerichtetes Arbeiten

Alle Arbeiten und Anstrengungen sind nur auf ein einziges Ziel gerichtet, nämlich an der Börse mit den derzeit modernsten Mitteln der Technik und Information „Geld zu verdienen".

Es ist nicht nötig, für die Tätigkeit an der Börse Gründe vorzugeben, etwa:

- seinen Wissensdurst zu befriedigen
- Recht zu haben
- nach einer Selbstbestätigung zu suchen
- über dem Markt zu triumphieren
- zu versuchen, sein Ego zu befriedigen
- jemandem damit zu imponieren
- sonstige nicht relevante Gründe zu suchen

Der Daytrader sollte sich einfach dazu bekennen, vor sich und anderen, dass er mit seiner Arbeit an der Börse grundsätzlich monetäre Ziele verfolgt; wie jeder Berufstätige – egal ob angestellt, selbstständig oder freiberuflich – strebt er mit seinem Arbeitseinsatz danach, erfolgreich zu sein und Geld zu verdienen.

Die Tätigkeit an der Börse und somit das Spekulieren auf Gewinne seitens der Börsianer/Aktionäre ist eine volkswirtschaftlich erwünschte Tätigkeit: Sie versorgt die Unternehmen mit neuen, bankenunabhängigen Geldmitteln. Denken Sie beispielsweise an die Wertpapierberater, Analysten, Broker oder Wirtschaftsexperten, die regelmäßig zu aktuellen Börsenentwicklungen Stellung beziehen. Deren Statements und Empfehlungen sind äußerst gefragt, in allen Medien, rund um die Uhr.

Interesse an wirtschaftlichen Zusammenhängen

Der Daytrader hat unbedingt in diesen Bereichen fit zu sein. Er muss die Auswirkungen der verschiedenen politischen und wirtschaftlichen Zusammenhänge auf das Börsengeschehen einschätzen können.

Über den Ticker kommen die aktuellen Nachrichten im Minutentakt. Diese heißt es zu interpretieren und in seine Strategien mit aufzunehmen. Ein großer Teil davon wird für das Minuten- oder Stundengeschäft im Intradayhandel nicht relevant sein. Ein kleiner Teil davon ist jedoch hochinteressant und zeigt auch innerhalb von Minuten seine Wirkung auf die Börsenkurse.

Dies gilt im Besonderen für wichtige Nachrichten wie:

- Zinsentscheidungen der EZB
- Zinsentscheidungen der FED
- Arbeitsmarktzahlen
- Lohnkosten
- Tarifabschlüsse
- Baukostenindex
- Verbraucherpreise
- wichtige Gesetzesentscheidungen etc.

Der Zeitpunkt dieser Nachrichten kann nicht überraschen, da sich der fachkundige Trader entsprechende Tages- oder Wochenlisten ausdruckt, in denen er sowohl den genauen Zeitpunkt dieser Entscheidungen kennt als auch die im Vorfeld genannten Prognosen.

Achtung: Nach Verkündung dieser Zahlen sieht man ganz eindeutig, dass alle Profis im Markt mit ihrem Zeigefinger an der Computermaus sitzen, um ihre Orders aufzugeben. Je nachdem, in welchem Bereich der Erwartungen die Zahlen liegen, werden sich die Märkte entsprechend stark nach unten oder oben bewegen.

Dann heißt es, mit dabei zu sein, da sich an diesen vereinzelten Tagen eines Monats unter Umständen ein Verdienst erzielen lässt, auf den man ansonsten eine oder zwei Wochen hinarbeiten müsste. Der DAX-Future zum Beispiel bewegt sich hierbei des Öfteren in einer Volatilität von 50–100 Punkten. Aufgabe ist es demnach, einen Großteil davon für sich selbst mitzunehmen.

Jede Möglichkeit der Fortbildung nutzen

Darunter ist zu verstehen, dass sich der Daytrader unaufhörlich weiterzubilden und damit auch weiterzuentwickeln hat. Dies kann auf verschiedene Art und Weise erfolgen:

- Schulungen und Seminare
- Lesen von Fachzeitschriften
- Selbststudium als Autodidakt

Wichtig: Die entscheidende Fortbildung jedoch ist die Tätigkeit am Bildschirm, die Durchführung von Trades und die Analysierung dieser Trades nach Beendigung der täglichen Börsensitzung.

Dabei müssen die wesentlichsten Erkenntnisse der positiven und negativen Trades analysiert werden:

- Warum war dieser Trade positiv und der nächste nicht?
- Warum habe ich diesen Trend nicht erkannt?
- Warum bin ich in diesen Trend erst zu spät eingestiegen?
- Warum bin ich zu früh ausgestiegen?
- Habe ich Signale übersehen oder nicht richtig gewertet?
- Warum habe ich meine Stopp-Orders nicht gemacht oder nicht richtig gesetzt?
- War meine Tageseinschätzung richtig?

- War meine Taktik für den heutigen Tag fehlerhaft?
- Habe ich meine Verluste limitiert?
- Habe ich meine Gewinne laufen lassen und abgesichert?
- Habe ich meine Stopps zu eng gesetzt und wurde daher zu häufig ausgestoppt?
- Hat mein Money-Management gestimmt (Verhältnis der eingesetzten Kontrakte zum Kapital)?

Diese Liste könnte noch beliebig fortgesetzt werden.

Praxis-Tipp:

Wichtig ist es, seine Entscheidungen jeden Tag zu hinterfragen und eine Auswertung des Tagesgeschehens durchzuführen. Die Börse gibt es auch noch am nächsten Tag. Jeder neue Börsentag bietet die Chance, wieder gute und lohnende Geschäfte tätigen zu können. Aber nur, wenn man weiterhin im Spiel bleiben kann.

Gesundes Risikobewusstsein

Sie sollten immer in der Lage sein, Ihre Chancen und Risiken abzuwägen. Dazu gehört, dass Sie immer im richtigen Verhältnis traden. Dies bedeutet, dass die Anzahl Ihrer im einzelnen Trade eingesetzten Kontrakte in einem vernünftigen Verhältnis zum gesamten Spielkapital stehen.

Achtung: Ein solches Verhältnis sollte so sein, dass der maximale Verlust bei jedem Trade maximal auf ein Prozent Ihres Tradingkapitals beschränkt bleibt.

Beispiel:

Sie gehen bei 6.050 Punkten mit einem Kontrakt long. Sie setzen demnach auf einen steigenden DAX. Gleichzeitig setzen Sie ein Stopplimit bei 6.044 Punkten. Der maximale Verlust bei diesem Trade kann daher nur sechs Punkte, dies sind 150 Euro, betragen.

Ihr Kapital muss daher als Untergrenze bei 15.000 Euro liegen. Traden Sie beispielsweise den EURO STOXX 50, der nur einen Punktwert von zehn Euro hat (was ich Ihnen bei diesem Kapitaleinsatz empfehle), so können Sie zehn Punkte Spielraum geben (Kap. 10.000 Euro).

Wer sehr sicher traden will, sollte erst bei einem Kapital von 50.000 Euro mit zwei Kontrakten handeln.

Zu einem gesunden Risikobewusstsein gehört auch, seine Chancen zu erkennen und diese auch zu nutzen. Dies bedeutet, mehrmals täglich die Entscheidung zu treffen, in den Markt einzusteigen und je nach Situation entweder längere Zeit dort zu bleiben oder seine Position alsbald glattzustellen, um sie später wieder neu zu eröffnen.

Einem negativen Trade dürfen Sie nicht unnötig lange nachtrauern, denn ansonsten verpassen Sie den nächsten positiven Einstieg, sei es durch Unkonzentriertheit oder zu langes Zögern.

Achtung: Der entscheidungsschwache Trader wird sich für diese Art des Geschäftes nicht eignen. Entscheidungskraft, Mut, Risikobereitschaft und das Verdauen von Verlusten sind Bestandteile seiner täglichen Arbeit.

Wer das Kreuzworträtsel nur mit Bleistift ausfüllt oder wer aus Sicherheitsgründen zum Gürtel noch zusätzlich Hosenträger benötigt, wird nur schwerlich ein erfolgreicher Daytrader werden. Als anderes Extrem werden die Glücksritter und Hasardeure auch in der Überzahl Schiffbruch erleiden.

Praxis-Tipp:

Die kühl rechnende und kalkulierende Persönlichkeit, die innerlich gefestigt von den eigenen Vorzügen und Fähigkeiten überzeugt ist und die diese Art der Tätigkeit als das erkennt, was sie ist, nämlich damit langfristig und kontinuierlich Geld zu verdienen, kann die gesetzten Ziele erreichen.

Diese Ziele sind auch lohnend. Sie verbinden ja weitgehend viele Vorzüge, die erstrebenswert sind, und verkörpern zudem die persönliche Freiheit des Einzelnen. Der Trader lässt sich wie folgt beschreiben:

- Er ist selbstständig, egal ob im Trading-Center oder zu Hause.
- Er ist allein auf sich gestellt.
- Er ist Unternehmer und entscheidet autonom.
- Niemand ist ihm gegenüber weisungsbefugt.
- Er hat keinen Ärger mit Vorgesetzten, Angestellten oder Kollegen.
- Für seine Tätigkeit muss er sich gegenüber niemandem rechtfertigen.
- Sein Einkommen bestimmt er ganz alleine.
- Er hat kein Problem mit Reklamationen von Kunden.
- Den Erfolg oder Misserfolg seiner Trades sieht er innerhalb von Sekunden auf dem Bildschirm.
- Zahlungsausfälle oder Außenstände kennt er nicht.
- Er kann den Ort seiner Tätigkeit wählen (auch von zu Hause aus).
- Er kann seine Arbeitszeit und die Intensität seiner Bemühungen selbst bestimmen.

Entscheidungsfreudigkeit

Daytrading lebt von schnellen und überlegt getroffenen Entscheidungen. Der Trader muss für sich eine individuelle Technik und Taktik finden, wie er dieses Geschäft angeht und betreibt.

Praxis-Tipp:

- Wenn seine Einstiegssignale kommen, muss der Trader handeln. Zögern kostet Geld. Er muss seine Taktik umsetzen. Unterstützend wirken hier die Handelsprogramme, innerhalb derer er seine Kauf- und Verkaufsorders eingeben kann und die dann systembedingt Entscheidungshilfen auslösen.
- Dies ist teilweise auch gut so, denn die Maschine kennt keine Gemütsschwankungen und Gefühlsregungen, kein Zuwarten oder dergleichen mehr. Es wird bei einem bestimmten Wert eingekauft oder verkauft.

Achtung: Es erscheint wichtig zu wissen und zu verstehen, dass beim Positionstrading allein durch die Art des Handels automatisch eine Risikominimierung erfolgt, da der einzelne Trade selbst wenig Gefahr birgt.

IIn einem Beispiel vorher haben wir gesehen, dass das Verlustrisiko beim Setzen eines Absicherungsstopps von sechs Punkten maximal 150 Euro beträgt. Durch die Anzahl der Trades innerhalb eines bestimmten Zeitraumes, z.B. eines Monats, erfolgt ein weiterer Risikoausgleich alleine bereits nach den Gesetzen der Wahrscheinlichkeitsrechnung.

Ein Futurekontrakt auf den DAX bewegt derzeit 91.625 Euro (Stand 09.03.2009: 3.665 Pt = 25 Euro). Im Verhältnis dazu sind 150 Euro wenig. Vergleichen Sie das Risiko, wenn Sie für dieselbe Summe einige Aktienpositionen eingehen?

Daytrading – die modernste Art des Börsenhandels

2

Unterschiede zwischen Discountbrokern und Daytrading-Centern

Es geht Ihnen vielleicht so wie den vielen börseninteressierten Spekulanten, die meinen, es würde keine gravierenden Unterschiede im Dienstleistungsangebot geben. Dem ist jedoch keineswegs so.

Wichtig: Der Grund für diese Falscheinschätzung mag darin liegen, dass es nur sehr wenige Trading-Center in Deutschland gibt. Diese sind in aller Regel eigenständig, privat strukturiert und keine Tochtergesellschaft einer großen Bank, wie dies alle Discountbroker sind.

Die entsprechenden Angebote in Form der Technik und der verwendeten Software mussten sich die Betreiber selbst erstellen, einkaufen, nach den Wünschen und Erfordernissen der Trader zusammenstellen und für besondere Kunden individuelle Lösungen suchen.

Hinzu kommt, dass diese Trading-Center nicht über die Werbebudgets verfügen, um deutschlandweit entsprechend Reklame für sich zu machen. Daher sind sie in der Hauptsache auf redaktionelle Berichte in den Zeitungen und im Fernsehen angewiesen sowie auf die Empfehlungsschiene und die Mundpropaganda. Auch über kontinuierliche Schulungsmaßnahmen werden neue Interessenten gewonnen.

Aus verständlichen Gründen stehen die Banken dieser privaten Konkurrenz sehr reserviert gegenüber, da ihnen dadurch ein lukratives Kundenklientel verloren gehen könnte.

Der Erfolg der Discountbroker ist und war gewaltig, was ganz eindeutig auch am Zulauf der Kundenzahlen zu ersehen ist. Wie häufig Kunden Orders aufgeben und in welcher Höhe, wird jedoch nur, wenn überhaupt, sehr zögernd mitgeteilt.

Es ist mit den Discountbrokern ein bedeutender Fortschritt in der konservativen Bankenlandschaft, in Bezug auf das Börsentrading, erfolgt.

Als Vorteile ergeben sich daraus:

- günstige Gebühren
- schnelle Ordereingaben
- verschiedene Arten der Ordereingaben über Telefon, Telefax oder Internet (inzwischen die meist genutzte Art)
- Unabhängigkeit von den Schalterstunden
- gute Informationsmöglichkeiten
- weiterer Service rund um das Börsengeschehen

An diesem Angebot sieht man bereits die breit gefächerte Zielgruppe dieses Angebotes. Viele Anbieter haben bereits einige hunderttausend Kunden in ihrem Bestand. Hier musste eine Plattform geschaffen werden, die von der Anwendung her einfach gehalten ist und die individuelle Lösungen aufgrund der hohen Kundenanzahl bieten kann.

Hauptsächlich wird der Handel mit Aktien und Fonds aller Art angeboten. Der Aufwand und das Informationsbedürfnis ist für den Kunden hierbei noch im vertretbaren Rahmen. Schulungs- und Betreuungsaufwand, individuelle Gespräche, Einzelcoaching oder eine Analyse der erfolgten Trades kann und wird in aller Regel nicht erfolgen.

Genau auf diesen individuellen Maßnahmen, besonders beim Handel mit Derivaten (Futures und Optionen), bauen der Service und das Angebot der Daytrading-Center auf. Dort ist und kann es kein Massengeschäft sein, dazu ist die Technik und die Materie dieser Art des Handels zu schwierig. Außerdem gilt:

- Auch die Kundenzielgruppe ist anspruchsvoller und erwartet mehr Service.
- Bedenken Sie, dass jeder Trader als Untergrenze eine Margin von 10.000 Euro als Risikokapital zur Verfügung haben muss.

- Es werden den Tradern auch individuelle Lösungen in Bezug auf die Hardware oder auf besondere Softwarepakete erfüllt.
- Der Kunde steht im Mittelpunkt des Geschehens.
- Es muss alles geschehen, um ein professionelles Handeln zu ermöglichen.
- Dazu gehört auch die Einarbeitung in die Technik, die laufende Schulung und Betreuung, Einzelcoaching, die Analyse der bereits erfolgten Trades am Tagesende und vieles mehr.

Ursprung des Börsenhandels

Die Historie dieser Art von Börsengeschäften liegt in den Rohstoffmärkten begründet. Die Hersteller oder Produzenten wollten sich gegen sinkende Preise in der Zukunft absichern. Die Abnehmer jedoch wollten eine Absicherung gegen steigende Preise haben. Grundlage war, dass jeder der Marktteilnehmer bereits im Voraus eine sichere Kalkulationsgrundlage für die späteren Geschäfte haben wollte.

Sie sehen daran, dass die Beteiligten an einer solchen Vereinbarung, auch Kontrakt genannt, völlig konträre Interessenlagen hatten. Der Verkäufer befürchtete, dass seine Ware bis zum Lieferzeitpunkt im Preis fallen könnte. Der Käufer jedoch hatte Angst, dass er für die benötige Ware bis zum Lieferzeitpunkt mehr bezahlen müsste, somit der Preis steigen würde. Mit zu berücksichtigen war weiterhin die unterschiedliche Risikobereitschaft der am Geschäft beteiligten Personen.

Nun kam eine weitere Gruppe, nämlich die der Spekulanten, mit in den Markt, die den Part des Risikos übernahm und damit, je nach richtiger Einschätzung der Situation, ihre Geschäfte tätigte. An der tatsächlichen Erfüllung der Kontrakte, das heißt der physischen Lieferung der Ware, hatten die Spekulanten kein Interesse und stellten vor dem Lieferzeitpunkt die Positionen glatt. Damit machten sie ihre Geschäfte, und je nach richtiger Einschätzung der zukünftigen Situation erzielten sie ihre Gewinne oder Verluste.

Aus diesen ersten Ursprüngen des Warenterminhandels entwickelten sich diese Märkte weiter und bildeten im Laufe der Zeit die Börseninstrumente heraus, wie wir sie heute kennen. Entstanden sind diese Märkte in den angloamerikanischen Ländern, mit Schwerpunkt in den USA.

Wichtig: Daher ist auch dort die Entwicklung der Börse in Bezug auf das zur Verfügung stehende Instrumentarium wesentlich weiter als bei uns in Deutschland. Dasselbe gilt für das Ansehen der Börse insgesamt, die Trader und Anleger, die dort ihre Gewinnchancen sehen, und für die Marktdurchdringung, vor allem im privaten Anlagebereich.

Statistische Untersuchungen zeigen, dass in den USA etwa 50 Prozent aller Erwerbstätigen an der Börse investieren. Dies kann auf folgenden Wegen geschehen:

- Pensionskassen
- fondsgebundene Lebensversicherungen
- Investmentsparen
- direkte Anlage in Form von Aktienkäufen oder Derivaten

Das Verständnis für die Börse beziehungsweise der Umgang mit dem Begriff Börse ist dort viel positiver und weiter als bei uns. Wenn dort jemand Börsengeschäfte tätigt, wurde dies bisher als eine moderne Art der Geldanlage verstanden, ohne jeglichen negativen Touch. Analog gilt dies auch für die weiteren Anlage- und Spekulationsformen, die an den Börsen möglich sind, wie Futures, Commodities, Optionen, Devisen und Gold. Welche Spuren die aktuelle Finanzmarktkrise hinterlässt, kann noch nicht abgeschätzt werden. Jedoch sind es immer die Menschen und nicht die Instrumente, die Schaden anrichten!

Durch die Weiterentwicklung der Märkte aufgrund neuer technischer Möglichkeiten, durch das Internet und wegen eines geänderten Anlegerverhaltens hat sich eine neue Art des Börsenhandels, das Daytrading, entwickelt. In den USA ist Daytrading bereits seit vielen Jahren eine weit verbreitete Form des persönlichen Geldmanagements. Nun werden die Möglichkeiten, quasi als sein eigener Börsenmakler über An- und Verkauf von Finanzderivaten sekundenschnell selbst zu entscheiden, mittels guter Programme auch in Deutschland angeboten.

Wie Daytrading definiert wird

Das Daytrading beziehungsweise der Daytrader, der es ausübt, zielt auf kurzfristige Marktschwankungen ab, um mit diesen langfristig und kontinuierlich hohe Gewinne zu erzielen. Durch die Volatilität dieser Märkte und durch das von dem Trader bewusst eingegangene höhere Risiko kann in diesen besonderen Märkten in sehr kurzer Zeit enorm verdient werden.

Diese besondere Form des Handels ist die derzeit schnellste Art, um an den Weltbörsen aktiv zu werden. In aller Regel muss eine voll elektronische Direktverbindung zu den Börsen bestehen, an denen gehandelt werden soll. Das Daytrading spielt sich oftmals innerhalb von Sekunden oder Minuten ab.

Im Laufe eines Börsentages werden eine Anzahl von Positionen aufgebaut, die je nach der Volatilität des Marktes kurz gehalten und dann wieder glattgestellt werden. Der Trader versucht, auf diese Weise von den kurzfristigen Marktschwankungen zu profitieren und damit seine Gewinne zu erzielen. Die Erfahrung zeigt, dass ein durchschnittlich aktiver Trader im Laufe eines Tages leicht auf zehn bis 15 abgeschlossene Trades – sogenannte Roundturns – kommt. Noch aktivere Trader mit besonderen Taktiken schaffen täglich auch 50 Trades.

Durch die schnelle Technik, die Verfügbarkeit aller wichtigen Wirtschaftsnachrichten in Echtzeit und durch verfeinerte Analysesysteme ist der Trader in der Lage, fundierte Handelsentscheidungen zu treffen. Ein Blindflug ohne oder mit zu wenigen Instrumenten ist daher nicht mehr möglich und wäre auch viel zu gefährlich.

Praxis-Tipp:

Am besten geeignet für das Daytrading ist der Handel mit Futures. Dies bedeutet, dass die Spekulanten in der Hauptsache auf kurzfristige Kursschwankungen von Aktienindizes setzen werden. Die einzelne Aktie ist dafür nicht so gut geeignet.

Kontinuierlich Geld an der Börse zu verdienen heißt daher, langfristig höhere Gewinne zu erzielen als Verluste zu erleiden.

Die Geschäftsidee, die sich dahinter verbirgt

Es kann an dieser Stelle nur die Geschäftsidee unseres Tradinghauses wiedergegeben werden. Ich bin jedoch davon überzeugt, dass die Grundsätze dieser neuen Dienstleistung auch in den anderen Centern ähnlich oder deckungsgleich sind.

Auch wenn es im ersten Augenblick etwas pathetisch klingen könnte, so ist doch der zentrale Schwerpunkt dieser neuen Dienstleistung, eine Demokratisierung des Börsengeschehens zu erreichen. Darunter ist zu verstehen, dass wir gleiche Rechte und Chancen für alle Trader schaffen. Speziell meinen wir hierbei den privaten Trader oder Spekulanten sowie den kleinen bis mittelständischen Betrieb, der teilweise selbstständig seine Vermögensverwaltung durchführen möchte.

Die großen Banken und institutionellen Anleger betreiben diese Art von Geschäft bereits seit Langem. Durch den hohen Kapitaleinsatz und die entsprechende Technik konnten sie diesen Zeitvorsprung seit Jahren entsprechend nutzen.

Wichtig: Alle Anstrengungen sind darauf gerichtet, den Tradern optimale und damit professionelle Handelsbedingungen vorzugeben. Sie ermöglichen ihnen, Handelsentscheidungen innerhalb von Sekunden zu treffen und diese auch ausführen zu können.

Wir haben uns im Vorfeld sehr viel Mühe gegeben, gerade für unsere Zielgruppe ein maßgeschneidertes Angebot zu erstellen mit der absoluten Priorität auf den Praxiseinsatz.

Erst folgende Entwicklungen haben die Möglichkeit geschaffen, Börsenarbeitsplätze zu einem vernünftigen Preis anbieten zu können:

- die technischen Möglichkeiten des Internets
- die Markterweiterung und Nachfrage nach dieser Dienstleistung
- sinkende Preise für die Kosten von Standleitungen (optional)
- die Nutzung von Flatrate-Angeboten
- der günstigere Einkauf von Börsendaten und Handelssystemen

Wichtig: Es wird damit erstmals annähernd Chancengleichheit geschaffen. Darunter ist zu verstehen, dass für unsere Trader sowohl der Informationsstand in Bezug auf Wirtschaftsnachrichten wie auch die Schnelligkeit der Orderausführung identisch mit dem institutioneller Anleger ist.

Dieser Grundsatz steht für unsere Unternehmensphilosophie. Gelingt dies, so werden der Markt beziehungsweise die interessierten Trader gerne dieses Angebot annehmen, so dass sich ein entsprechender Geschäftserfolg einstellen wird.

Die Börse selbst sowie die genannten Handelsinstrumente sind selbst weder gut noch schlecht. Es liegt daher ausschließlich im Bereich eines jeden Traders, diese Werkzeuge gewinnbringend für sich einzusetzen und finanziell entsprechend zu nutzen.

Direkter, voll elektronischer Börsenhandel

Unter dem Begriff Daytrading verbirgt sich der modernste und damit schnellste Börsenhandel, der derzeit für private Anleger möglich ist. Unbedingte Voraussetzung ist, dass eine direkte, voll elektronische Vernetzung zu den Börsen besteht. Diese Begriffsbestimmung soll weiterhin aussagen, dass der Trader selbst seine gewünschten Trades in aller Regel innerhalb von Sekunden ausführen kann.

Derzeit sind noch nicht alle Börsen voll elektronisch handelbar. Hier gilt es zu selektieren, da man sich ansonsten selbst einen gewissen Vorteil in Bezug auf Schnelligkeit nimmt. Es wird aus diesem Grunde in der Hauptsache nur an den Börsen und mit den Indizes (Benchmarks) getradet, die direkt und voll elektronisch handelbar sind.

Dies sind derzeit im Wesentlichen:

- DAX-Future
- EURO STOXX 50-Future
- BUND-Future
- BOBL-Future
- E-MINI-S&P-Future
- E-MINI-NASDAQ-Future
- Dow-Jones-Future
- Forex-Handel (Devisengeschäft)

Von allen anderen Indizes oder Börsen möchte ich Ihnen dringend abraten.

Seien Sie insbesondere vorsichtig bei den sogenannten Schwellenländern (Emerging Markets). Diese Börsen finden Sie in Asien und den osteuropäischen Staaten. Abgesehen von den Sprachproblemen ist es sehr schwer, die dortigen Vorgänge tatsächlich einschätzen und annähernd richtig interpretieren zu können. Die Mentalitäten unterscheiden sich sehr von unserem wirtschaftlichen Verständnis.

Auch „Parkettbörsen" müssen Sie für das Daytrading meiden, da Sie dort nicht die erforderliche Schnelligkeit für diese Art des Börsenhandels haben!

Praxis-Tipp:

Schnellste Informationswege, Kurzzeitanalyse und eine Handelsausführung innerhalb von Sekunden sind entscheidend und verschaffen Ihnen den so wichtigen Vorsprung!

Daytrading kontra konservativer Börsenhandel

3

Was versteht man unter „traden"?

Trading ist im Grunde nichts anderes als die Handhabung von Wahrscheinlichkeiten.

Alle Tradingentscheidungen beruhen auf Prognosen der wahrscheinlichen, zukünftigen Preisentwicklung unter Berücksichtigung ihrer zeitlichen Dimension. Eine Prognose besteht somit aus den Komponenten

- Richtung,
- Zeitraum,
- Wahrscheinlichkeit

und liefert die Entscheidungsgrundlage für die wichtigsten Fragen überhaupt:

- Mit welcher Wahrscheinlichkeit vollzieht sich eine Preisveränderung?
- Zu welchem Zeitpunkt?
- In welchem Ausmaß?
- In welchem Zeitraum?

Ausgehend von einem gegebenen Preis und einem gegebenen Informationsstand kann jeder Preisveränderung pro Zeiteinheit eine gewisse Eintrittswahrscheinlichkeit zugeordnet werden. Da sich sowohl der Preis, und allein mit dieser Änderung auch schon der Informationsstand, ändert, ist Trading somit ein fortlaufender Reflektionsprozess aufgrund einer sich ständig verändernden Wahrscheinlichkeitsverteilung über der Preis/Zeit-Relation eines gehandelten Instruments.

Praxis-Tipp:

Diese Wahrscheinlichkeitsverteilung ist die ausschlaggebende Größe für das mit dem Eröffnen und Halten einer Position verbundene Risiko sowie deren Chance und folglich auch für die Chance-/Risikorelation eines Trades.

Das Kennen oder zumindest eine gute Schätzung der Wahrscheinlichkeitsverteilung ermöglicht im anschließenden Entscheidungsprozess eine:

- Bestimmung realistischer Einstiegsziele
- Bestimmung realistischer Ausstiegsziele im Gewinnfall
- Bestimmung intelligenter Ausstiegspunkte im Verlustfall
- Eröffnung von Positionen mit geringem Risiko und einem dem Risiko angemessenen Gewinnpotenzial
- vorzeitige Schließung von Gewinnpositionen bei sich ändernder Chancen-/Risikoverteilung

Achtung: Jede Tradingentscheidung ist im weiteren Sinne vergleichbar mit einer oder mehreren Wetten. Beim Daytrading sind zwei Wettziele wichtig und sollten daher mit großer Wahrscheinlichkeit vorhergesagt werden können:

1. Die Hauptwette bezieht sich auf die Richtungskomponente der Prognose. Wohin geht der Markt heute und die nächsten Tage? Ist der Markt bullish oder bearish? Haben die Optimisten oder die Pessimisten die Oberhand? Sind Unsicherheiten im Markt, oder stehen kurzfristig wichtige Entscheidungen (Zinsen, Arbeitslosenzahlen, Entscheidungen der Zentralbanken) an?
2. Die Unterwette bezieht sich eindeutig auf die Zeitkomponente. Wohin entwickelt sich der Markt in den nächsten fünf Minuten, und aus welchem Grund? Was beeinflusst das Marktgeschehen in den nächsten Minuten?

Praxis-Tipp:

Trading bietet die Chance, nicht jedoch die Garantie, aus Preisveränderungen Gewinne zu erzielen. Diese Chance gibt es nicht zum Nulltarif. Sie muss mit dem Eingehen eines Risikos erworben werden. Der Preis der Gewinnchance ist das einzugehende Verlustrisiko. Zielsetzung der gesamten Tradingaktivität ist ein langfristig positives Gesamtergebnis in Höhe einer Mindestrendite. Die mit dem Daytrading entstehenden Kosten müssen in jedem Fall gedeckt sein.

Konservative Anlageformen

Darunter ist im Börsengeschäft vor allem die Anlage in Aktien zu verstehen. Der sichere Anleger wird in erster Linie in deutsche Aktien und damit in die DAX-Werte investieren. Hierbei handelt es sich um die 30 wichtigsten Aktienwerte in Deutschland. Diese Werte repräsentieren einen Querschnitt durch die führenden Branchen. Wenn der Anleger nun mehrere DAX-Werte einkauft, sollte er auch auf einen Branchenmix achten, weil dadurch eine zusätzliche Risikominimierung erreicht werden kann.

Besonders zu empfehlen sind in diesem Zusammenhang die sogenannten Blue Chip-Werte. Diese sind die führenden Werte im DAX, die eine besondere Stellung haben.

Dazu zählen:

- Deutsche Telekom
- Münchner Rück
- Daimler
- Deutsche Bank
- Siemens

Weiterhin ist das Tätigkeitsfeld der einzelnen Firmen zu beachten, ob es sich dabei um sogenannte Wachstumsbranchen handelt. Dies trifft bei den vorgenannten Werten zu.

Diese Aktien haben bei der Kursentwicklung Steigerungspotenzial und bezahlen auch eine gute Dividende. Das zugrunde liegende Risiko ist als verhältnismäßig gering einzustufen. Vor einer Finanz- oder Weltwirtschaftskrise jedoch, wie wir sie derzeit durchleiden, sind auch diese Werte nicht gefeit. Daher empfiehlt es sich, eine Stopp-Loss-Order einzubauen!

Zeitraum dieser Anlageformen

Solche konservative Anlageformen sollten zumindest mittelfristig, darunter sind mehrere Jahre zu verstehen, gehalten werden.

	bisherige Regelung	**neu ab 01.01. 2009**
Dividenden	Halbeinkünfteverfahren nach persönlichem Steuersatz	25 Prozent Abgeltungsteuer
Kursgewinne	■ Innerhalb der Jahresfrist Halbeinkünfteverfahren ■ außerhalb der Jahresfrist steuerfrei	25 Prozent Abgeltungsteuer unabhängig von der Haltedauer
Kursverluste	■ Innerhalb der Jahresfrist: mit Kursgewinnen aus Aktien und Spekulationsgewinnen verrechenbar ■ außerhalb der Jahresfrist: kein Ansatz bei der Einkommensteuer	■ Nur noch mit Aktien-Kursgewinn unabhängig von der Haltedauer der Aktien verrechenbar ■ Verlustsaldo kann in das nächste Jahr übertragen werden

Moderne Art des Daytradings

Es ist derzeit ein rasanter Wandel in unserer Gesellschaft feststellbar. Wir leben in einer Zeit der Erbengeneration. Es steht sehr viel disponibles Geld zur Verfügung, das neu und gewinnbringend angelegt werden soll. Weiterhin gibt es viele Berufsgruppen und Firmen, die neue Anlageformen und Entscheidungshilfen suchen.

Viele Anlageinteressierte haben bereits Erfahrungen mit ihren Banken gesammelt. Diese sind nicht immer zufriedenstellend ausgefallen.

Die Gründe sind unter anderem: Eigene Einschätzungen des Wertpapierexperten erfolgen in aller Regel nicht, da er normalerweise von den Vorgaben seiner Zentrale abhängig ist.

In Anbetracht der Schnelligkeit des Geschäfts ist das Rüstzeug vieler Banken – vor allem in den Filialen – sehr oft veraltet und entspricht nicht mehr den Anforderungen aufgeklärter Kunden. Dies trifft vor allem zu auf:

- Technik
- Schnelligkeit
- Informationen
- aktuelle Wirtschaftsdaten

Einige Beispiele aus der Praxis, die ich teilweise am eigenen Leib erfahren musste und die mir analog auch in vielen Kundengesprächen geschildert wurden, darf ich hier zum Verständnis der neuen Marktsituation kurz aufzeigen:

- Ein Interessent gibt seiner Bank einen telefonischen Kauf- oder Verkaufsauftrag. Es kommt nicht selten vor, dass seine Bankfiliale überhaupt keinen direkten Börsenzugriff hat. Dies bedeutet, dass der zuständige Bearbeiter die Order erst seiner größeren Filiale durchgeben muss. Von dort aus wird die Order in ein System eingegeben, läuft anschließend zur Zentrale und von dort erst zur Börse, eventuell noch mit Hilfe eines Brokers. Damit vergeht wertvolle Zeit, und der Anleger erfährt längere Zeit nicht, ob seine Order ausgeführt wurde und welchen Kurs er erhalten hat.

- Oder der zuständige Bearbeiter ist gerade in einem Kundengespräch. Er würde jedoch anschließend zurückrufen. Gleiches gilt, wenn er gerade in einer Besprechung ist. Man würde ihm einen Zettel zwecks Rückruf auf den Schreibtisch legen.
- Auch kommt vor, dass der Bearbeiter gerade in der Mittagspause ist. Danach ist das Geschäft jedoch bereits oft gelaufen. Jemand hat gut gespeist, was ja zweifellos auch wichtig ist! Sie aber haben unter Umständen massiv Geld verloren!
- Börsenkenner wissen, wie wichtig der Freitagnachmittag ab 15.30 Uhr ist, wenn die Wallstreet eröffnet oder wichtige Meldungen aus den USA anstehen. Dann ist oft niemand mehr zu erreichen, der eine Order aufgibt und Sie anschließend über das Ergebnis unterrichtet.

Wichtig: Jetzt spielt jedoch die Musik, und der Trader kann gerade um diese Zeit viel Geld verdienen oder auch verlieren, wenn er die Position nicht glattstellen oder neu eröffnen kann.

Die Kundenwünsche nach Service und Erreichbarkeit haben sich kurzfristig gerade in diesem Marktsegment völlig verändert. Dies zeigen auch sehr eindeutig die großen Erfolge der Discountbroker, die sich vor Kundenanfragen fast nicht mehr retten können. Dies führt aber dort wieder zu Problemen bei der Erreichbarkeit und der schnellen Abarbeitung der Orders.

Praxis-Tipp:

- Das Daytrading zeichnet sich dadurch aus, dass im Laufe eines Tages, je nach Handelstaktik, mehrere bis viele Trades an den Börsen erfolgen. Die gewählte Position wird je nach Situation oftmals nur wenige Sekunden oder Minuten gehalten und anschließend wieder glattgestellt. Aus dieser Volatilität oder Schwankungsbreite der Märkte versucht der Daytrader, seine Gewinne zu erzielen. Es ist dabei völlig unerheblich, ob der gewählte Markt, beispielsweise der DAX-Future, zum Einstiegszeitpunkt steigt oder fällt. Sie müssen als Trader nur die richtige Position wählen.
- Sie gehen long, wenn Sie auf steigende Kurse spekulieren, oder Sie gehen short, wenn Sie mit fallenden Kursen rechnen. Sie können durch das moderne System jederzeit die Position drehen und versuchen, mit der Marktbewegung zu gehen.
- Das technische System bietet phantastische Möglichkeiten. Jedoch müssen diese erkannt, trainiert, sinnvoll genutzt und damit gewinnbringend umgesetzt werden.

Bestimmung der einzelnen Trades

Das jeweilige Einstiegsignal beim Daytrading soll durch eine vorher überlegte Taktik bestimmt und damit festgelegt sein. Jeder Trader wird sich im Laufe der Zeit ein individuelles System erarbeiten, das auf seine Persönlichkeit und seine finanziellen Möglichkeiten abgestimmt ist.

Mit Persönlichkeit ist vor allem gemeint:

- Risikobereitschaft
- Disziplin
- Erfahrung

- Ausdauer
- Lernbereitschaft
- körperliche Fitness
- Einstellung
- Gemütszustand
- Wille zum Erfolg

Achtung: Die finanziellen Möglichkeiten erfordern zwingend ein strikt einzuhaltendes Money-Management. Darunter ist zu verstehen, dass Höhe und Risiko der einzelnen Trades auf den finanziellen Hintergrund abzustimmen sind. Hierbei ist ausschließlich das für Daytrading reservierte Risikokapital zu verstehen.

Stimmen diese Voraussetzungen, so kann der Einstiegszeitpunkt in die jeweilige Position gesucht werden. Dafür stehen umfangreiche Hilfsmittel zur Verfügung, die wie folgt genannt werden können:

- Alle Tickdaten (der kleinste messbare Umsatz) der jeweiligen Börse werden aufgezeichnet, in Echtzeit übermittelt und in Chartmustern aufgezeichnet und sichtbar gemacht. In aller Regel wird mit sogenannten Candlestick-Charts gearbeitet, da diese die effektivste Aussagekraft haben.
- Ein gutes Analysesystem, ausgewählt nach Ihren Bedürfnissen, hilft unterstützend mit, Signale für den Einstieg zu finden. Darin enthalten sind die führenden Indikatoren, Trendfolgesysteme und Oszillatoren.
- Wirtschaftsnachrichten der führenden Institute, die Einflüsse auf die Aktienkurse haben.
- Laufende Unterrichtung über die Kurse der weiteren Weltbörsen, um Trends frühzeitig erkennen zu können.
- Aktuelle Devisenkurse; dabei besonders das Verhältnis zwischen Euro und Dollar, Dollar und Yen.

Wichtig: Mit dieser Fülle von Echtzeitinformationen und Hilfsmitteln, in Verbindung mit einer guten Ausbildung und damit Umsetzung dieser Daten, soll die Wahrscheinlichkeitsrechnung für erfolgreiche Trades zu Ihren Gunsten von ansonsten 50 : 50 doch wesentlich zu Gunsten des Traders verbessert werden. Die persönlichen Eigenschaften des Traders müssen ebenfalls vorhanden sein (siehe vorausgegangene Seite).

Nach Übereinstimmungen suchen!

Einen Trade sollten Sie nicht eingehen, weil Ihnen im Moment danach ist oder weil Sie Langeweile haben, auch nicht, weil gerade schönes Wetter herrscht, Sie ein gutes Frühstück erhalten haben, Sie heute noch kein Kunde gereizt hat oder weil Sie mit Ihrer besseren Hälfte noch keinen Zoff hatten!

Sie sollten als kühl agierender Trader nur vorher wohlüberlegte Trades in geeigneten Marktsituationen setzen!

Voraussetzungen:	
Neutral:	News/Nachrichten suchen und auswerten oder auf geeignete Nachrichtenlage bewusst warten
P 1	Zeigen sich diese Erwartungen im Chart (nur dann sind sie relevant)?
P 2	Erfolgt eine weitere Bestätigung seitens der Candlesticks (Form, Anordnung, Ausprägung)?
P 3	Wurde eine Trend-/Widerstandslinie durchbrochen, eine Trendlinie oder ein Trendkanal verlassen?
P 4	Bestätigt mein Indikator (MACD, Stochastik, Bollinger, RSI) zusätzlich diese Signale?
P 5	Wird ein Trend von höherem Marktvolumen unterstützt?

Wichtig: Einen Trade können Sie mit hoher Trefferwahrscheinlichkeit eingehen, falls Ihre Parameter von P1 – P5 übereinstimmen. Grundvoraussetzung sollte jedoch eine Übereinstimmung von P1 – P3 sein, ansonsten vergessen Sie den Trade und warten Sie eine geeignetere Situation ab.

Technische Voraussetzungen und laufende Kosten

4

Hardware

Die nachstehenden Positionen sind nur als Empfehlung zu verstehen. Ihre bereits vorhandene Hardware kann in aller Regel entsprechend verwendet werden. Hierbei ist jedoch eine Abstimmung im Einzelfall erforderlich.

Es sind für eine optimale Ausstattung zwei Rechner und drei Bildschirme zu empfehlen.

Von der Leistungsfähigkeit her beziehungsweise im Bezug auf die erforderliche Geschwindigkeit genügen handelsübliche PCs ab Pentium IV.

Dies ist enorm wichtig, da Sie ansonsten im Laufe der Zeit Probleme bekommen werden, die sehr unangenehm sind, wenn Sie sich dabei im Markt befinden. Es laufen doch viele Anwendungen im Hintergrund, die schnell und sicher ausgeführt werden müssen.

Achtung: Zuverlässigkeit in der Technik ist gerade in diesem Marktsegment von besonderer Bedeutung. Sie haben keine Zeit, sich Gedanken über die Technik zu machen, wenn Sie gerade Handelsentscheidungen treffen, bei denen es unter Umständen um sehr viel Geld geht.

Kostenaufstellung – Einmalige Kosten	
Orderrouting- und Handelssystem	**Circa-Preise in Euro**
zwei PCs, handelsüblicher Standard ab Pentium IV oder besser	
2,8 GHz-Prozessor oder besser	
DDR 1024 oder höheren RAM-Speicher	
Festplatte 80 GB oder mehr	
DVD ROM-Laufwerk (16x/48x) oder besser	

noch: Kostenaufstellung – Einmalige Kosten

Doppelgrafikkarte	
Soundkarte	
Wireless Lan Ausstattung	
Windows Betriebssystem XP/Vista	
Firewall und Antivirus Paket	
Zwischensumme	**1.400**
3 19-Zoll-TFT-Bildschirme oder größer	600
Gesamt	**2.000**

Alternativ könnten Sie auf den zweiten PC verzichten und dafür auf eine 4 Port-Grafikkarte zum Betreiben von bis zu vier Bildschirmen ausweichen (Kosten ca. 300 Euro).

Software

Laufende monatliche Kosten	Circa-Preise in Euro
Internetzugang plus Flatrate	50
Börsendaten der EUREX, CME, Nachrichtenticker sowie Analysetool der wichtigsten Indikatoren und Oszillatoren	250
Gesamt	**300**

Es folgt noch die Zusammenstellung der einmaligen Kosten für die Anschaffung der technischen Anlage (Hard- und Software) sowie der monatlichen festen Kosten:

- einmalige Kosten der Anschaffung ca. 2.000 Euro
- laufende monatliche Kosten ca. 300 Euro

Internetzugang/Standleitung

Es wird immer wieder die Frage gestellt, ob eine Standleitung erforderlich ist oder ob nicht eine normale ISDN-Verbindung mit einer Flatrate ausreichen würde.

Achtung: Ich rate Ihnen die Tätigkeit als Daytrader, wenn Sie sich dazu entschließen, diese professionell durchzuführen. Daher empfehle ich Ihnen, nach Möglichkeit eine eigene Standleitung zu beantragen. Dies gibt Ihnen eine weitgehende Sicherheit in Bezug auf den Datenschutz, Datenmissbrauch, Schnelligkeit und Zuverlässigkeit des Systems.

Stellen Sie sich vor, Sie sind in einer Position im Markt und können diese wegen Datenprobleme nicht schließen. Kein allzu erfreulicher Gedanke.

Um es klarzustellen:

Für einen Privattrader genügt ein ISDN-Zugang mit einer Flatrate. Traden Sie jedoch mit hohem Risiko (Kapitaleinsatz, gleichzeitig in verschiedenen Märkten etc.), so empfehle ich Ihnen eine Standleitung (Interconnect). Die monatlichen Kosten belaufen sich auf ca. 250 Euro. Sie sehen, alles hat seinen Preis. Jedoch relativiert sich dies sehr schnell, wenn Sie durch die Sicherheit Ihres Systems mit dazu beitragen, Ihre, so hoffe ich, erfolgreichen Handelsentscheidungen entsprechend abzusichern.

Mit diesen Kosten müssen Sie rechnen!

Monatliche Festkosten

Es ist relativ egal, von wo aus Sie Ihre Börsengeschäfte tätigen. Sowohl im Trading-Center als auch zu Hause entstehen fixe Kosten.

Die wichtigsten davon sind die Bezahlung der Nachrichten, Wirtschafts- und Analysedaten sowie die Onlinegebühren im Internet oder die eigene Standleitung. Bei einer professionellen Ausstattung, zu der ich Ihnen aus bereits mitgeteilten Gründen dringend rate, müssen Sie derzeit mit monatlichen Festkosten, je nach Ausstattung, zwischen 320 und 520 Euro rechnen.

Die monatlichen Kosten lassen sich wie folgt zusammenstellen:

Kosten für einen akzeptablen Arbeitsplatz	
Aufwendungen	**Circa-Preise in Euro**
ISDN/Flatrate	50
Daten, News, EUREX, CME, Analyse	250
Strom	20
Gesamt	**320**

Praxis-Tipp:

Sollten Sie nicht bereit sein, diese Kosten zu tragen, so ist die Gefahr sehr hoch, in diesem absoluten Hightech-Markt mit den falschen oder mit veralteten Waffen gegen Profis zu kämpfen. Dass dies nicht lange gut gehen kann, ist offensichtlich und muss nicht weiter ausgeführt werden. Dies ist ein harter Markt: Was der eine Marktteilnehmer gewinnt, verliert der andere, und dieser möchten Sie ja nicht allzu oft sein, oder?

Beachtung der wichtigsten Gebühren

Achtung: Noch vor den bereits bekannten Fixkosten sind die Gebühren beim Daytrading der wichtigste Faktor, den Sie immer im Auge behalten müssen.

Daytrading sagt ja gerade aus, dass Sie zumindest einmal, in aller Regel jedoch mehrere Male täglich, an der Börse aktiv werden und den DAX-Future oder einen der anderen Indizes kaufen und verkaufen. Von diesen schnellen Geschäften und der Volatilität der Märkte lebt der Daytrader.

Die konservative Bankenlandschaft verlangt für die Bearbeitung im Futurehandel relativ hohe Gebühren, die je Roundturn zwischen 25 und 50 Euro liegen.

Bei den sogenannten Discountbrokern werden Ihnen wesentlich günstigere Gebühren in Rechnung gestellt. Ebenso in den bereits öfter genannten Trading-Centern.

Die Preismarge dürfte in dem Bereich zwischen fünf und zehn Euro liegen, was zweifellos einen immensen Preisvorteil bringt. Für besonders aktive Trader, die monatlich oft einige Hundert Trades durchführen, gibt es in aller Regel sogenannte Staffelpreise. Sie müssten versuchen diese individuell auszuhandeln.

Die Firmen oder Banken sind in aller Regel bereit, aus der Umsatzmenge zu erzielende Preisvorteile an Sie weiterzugeben. Denn nur ein zufriedener Trader ist ein langfristiger Kunde.

Praxis-Tipp:

Zwischen 50 und 100 Roundturns pro Monat können Sie versuchen, ermäßigte Staffelpreise für sich auszuhandeln.

Wann erreiche ich den Deckungsbeitrag/Gewinnzone?

Diese Rechnung ist für jeden Trader wichtig, damit er genau bestimmen kann, ob und zu welchem Zeitpunkt seine Tätigkeit Geld einbringt beziehungsweise ab welchem monatlichen Betrag die Gewinnschwelle beginnt.

Beispiel:

Bei dieser Berechnung müssen Sie folgende Aufwendungen berücksichtigen:

- Haben Sie eine neue PC-Anlage und weitere Technik angeschafft, sollten Sie diese Kosten auf einen betriebsüblichen Abschreibungszeitraum von vier Jahren aufteilen.
- Hinzu rechnen Sie Ihre weiteren Kosten für die einmalige Freischaltung des Systems.
- weiterhin die Kosten für die benötigten Realtime Daten und Wirtschaftsnachrichten
- Gebühren für die Internetverbindung oder Standleitung
- Stromkosten
- Serviceleistungen und Hotline (fakultativ)
- Fahrtkosten, Literatur und Buchhaltungsaufwendungen

Abschließend ergänzen Sie diese Summe noch um die in variabler Höhe anfallenden Roundturn-Gebühren, je nach Aktivität.

Wer noch genauer rechnen möchte, der könnte eine kalkulatorische Verzinsung seines Risikokapitals ansetzen, da er bei einer alternativen Anlage Zinsen erwirtschaften würde.

Falls Sie einen voll ausgestatteten Börsenarbeitsplatz angemietet haben, müssen Sie alternativ den Mietpreis in Rechnung stellen.

Die Endsumme daraus ist der Betrag, den Sie mindestens erzielen müssen, damit Ihr Tradingergebnis kostenneutral ist, das heißt sich in sich selbst trägt. Jeder Euro, den Sie darüber hinaus verdienen, ist Ihr Tradingbruttogewinn.

Wichtig: Für Spekulationsgewinne trat ab 01.01.2009 die Abgeltungssteuer in Höhe von pauschal 25 Prozent in Kraft. Das bisher geltende Halbeinkünfteverfahren entfällt zum genannten Zeitpunkt.

Praxis-Tipp:

Kalkulieren Sie für alle Festkosten einen Nettogewinn von einem Punkt täglich ein. Bei den variablen Gebühren müssen Sie je Roundturn einen halben Punkt in Rechnung setzen.

Wie funktioniert Daytrading für den privaten Spekulanten?

5

Börsentermingeschäftsfähigkeit

Sie besitzen oder erwerben die von der Börse geforderte Termingeschäftsfähigkeit. Diese können Sie durch bereits bestehende Kenntnisse oder durch in der Vergangenheit durchgeführte analoge Börsengeschäfte/aktiven Handel nachweisen. Alternativ hierzu können sich Kunden das nötige Wissen durch Schulungen und Seminare aneignen.

Achtung: Die Börsentermingeschäftsfähigkeit ist die unbedingte Voraussetzung, um für diese Art der Börsengeschäfte im Terminmarkt zugelassen zu werden.

Damit soll sichergestellt werden, dass sich der Interessent oder Spekulant ganz bewusst ist über die Risiken am Terminmarkt. Aufgrund der besonderen Art dieser Geschäfte ist es unbedingt erforderlich, sich neben dem erforderlichen Fachwissen für diese Märkte auch über die wirtschaftlichen Risiken im Klaren zu sein. Ein Totalverlust des eingesetzten Kapitals ist möglich. Darüber hinaus sind noch weitere Verluste denkbar, obwohl der Broker, falls die Margin nicht mehr ausreicht und der Margin-Call nicht erfüllt wird, alle Positionen sofort glattstellen wird.

Wichtig: Aus diesem Grunde muss der Interessent für Termingeschäfte oder für das Daytrading gegenüber der Brokerbank beziehungsweise der Börse bestätigen, dass er diese Risiken genau kennt und es seine finanziellen Verhältnisse ermöglichen, am Terminmarkt tätig zu sein. Diese Erklärung muss er durch mehrere Unterschriften auf Auskunfts- und Belehrungsbögen abgeben und sanktionieren.

Fachliche Eignung

Was ist darunter zu verstehen? Ist jemand, der einiges an Fachbüchern gelesen hat, der genau weiß, was ein Future und eine Option ist, der Charts analysieren, die Mechanismen des geringen Einschusses, den Leverage-Effekt, das Delta, den Zeitwert und den inneren Wert kennt und berechnen kann, auch ein guter Daytrader? Hat er damit die Gewähr, relativ sicher in diesem Bereich auch gutes Geld zu verdienen?

Dies ist zu bezweifeln.

Fachwissen muss, wie in jedem Beruf, auch sein und ist und war auch noch nie ein Nachteil. Doch alleine mit dem theoretischen Wissen kommen Sie in diesem Bereich nicht weiter. Sie können jahrelang die gesamte Fachliteratur wälzen und viele Charts auswerten. Dies alles ist sicherlich hilfreich, wird jedoch nicht den gewünschten Erfolg bringen.

Das Zauberwort wird auch hier sein, es einfach gut vorbereitet „zu tun".

Die ganz überwiegende Anzahl der Daytrader arbeitet mit dem Future. Das Traden damit ist von der Grundkonzeption her relativ simpel.

Wenn Sie der Meinung sind, dass der Kurs steigt, gehen Sie long, im konträren Falle gehen Sie short.

Sie müssen sich vor dem Einstieg ein Bild des Tages machen und darauf Ihre Strategie ausrichten. Sie verfolgen die wichtigen Auslandsmärkte und die aktuelle Nachrichtenlage und können dann mit Unterstützung der Charts in Echtzeit, der Handelsprogramme wie dem MACD, Stochastik oder RSI Ihre Eintrittsentscheidung treffen und in den Markt einsteigen.

Praxis-Tipp:

- Elementar erscheint mir, immer mit dem Markt zu gehen, sich nicht dagegenzustellen, Trendsignale zu erkennen und richtig zu deuten. Grundsätzlich gilt, dass der Markt immer Recht hat. Sich dagegenzustellen ist sinnlos und aufgrund des oftmals geringen finanziellen Kapitals auch gar nicht möglich.
- Nach Beendigung Ihrer Arbeit sollten Sie den Chart auswerten und Ihre gesamten Handelsentscheidungen analysieren. Anschließend versuchen Sie zu klären, warum Sie bei einzelnen Trades richtig und bei anderen falsch lagen, mit der Absicht, Ihre Erfolgsquote in Zukunft zu verbessern.

Bereitstellung des erforderlichen Risikokapitals

Das Tradingkapital für das Daytrading und die Terminmärkte sollte für Sie ein absolutes Risikokapital darstellen, welches Sie im schlechtesten Falle auch ohne schlimmere Einbußen Ihrer Gesamtsituation als Verlust verschmerzen könnten. Es darf demnach nicht Ihr gesamtes disponibles Einkommen sein, bei dessen Verlust Sie massive finanzielle Probleme bekämen.

Achtung: Noch schlimmer wäre es, wenn Sie Daytrading mit Krediten finanzieren würden in der Hoffnung, mit den Gewinnmöglichkeiten Zins und Tilgung ohne Probleme leisten zu können. Diese Konstellation wäre fatal, da Sie den Kopf nie frei hätten für Ihre Tradingentscheidungen und weil Sie dann sozusagen mit dem Rücken zur Wand stünden.

An anderer Stelle wurde bereits gesagt, dass in aller Regel ein ausreichend hohes Tradingkapital erforderlich und auch sinnvoll ist (Empfehlung mindestens 15.000 Euro für den BUND-Future und den EURO STOXX 50 und 30.000 Euro für den DAX-Future, besser mehr). Um gut traden zu können, brauchen Sie eine genügend große finanzielle Sicherheit. Erst aus dem Gefühl der Stärke heraus gelingen positive Handelsentscheidungen.

Ist die Kapitaldecke zu dünn, werden Sie bereits bei geringen Verlusten nervös, und es fehlt die Ruhe und Sicherheit.

Praxis-Tipp:

- Sie dürfen nie den Fehler begehen, jeden Trade, egal ob bei Gewinn oder Verlust, sofort in Geld umzurechnen. Das Ergebnis Ihrer Tätigkeit sind Punkte.
- Gelingt es Ihnen, in der Summierung der Punkte für den gewählten Zeitraum (Woche, Monat, Jahr) eine positive Punktanzahl zu erreichen, so haben Sie auch entsprechend Geld verdient. Die sofortige Umrechnung und Fixierung verwirrt nur, macht nervös und beeinträchtigt unter Umständen neue Entscheidungen.
- Psychologisch gesehen möchte niemand sein soeben verdientes Geld beim nächsten Trade wieder aufs Spiel setzen und möglicherweise wieder verlieren.

Anmietung eines Börsenarbeitsplatzes

Einen solchen können Sie in den bereits existierenden Daytrading-Centern anmieten.

Der monatliche Mietpreis liegt zwischen 400 und 1.200 Euro. Diese Preisunterschiede erklären sich in der Hauptsache dadurch, welche Technik und Informationen Ihnen zur Verfügung gestellt werden. Es ist nach meiner Ansicht der falsche Ansatz, nur die absolute Höhe der Kosten zu sehen.

Die richtige Fragestellung ist:

Was benötige ich, um Erfolg zu haben, und wie ist die Kosten-/Nutzenrelation?

Beispiel:

Ich gehe von einer guten Ausstattung, egal ob im Trading-Center oder zu Hause, aus und habe damit monatliche Kosten von 300 bis 800 Euro. Jedoch erst mit diesem Equipment, verbunden mit meinem Fachwissen und der geeigneten Persönlichkeitsstruktur, bin ich womöglich in der Lage, monatlich ein Vielfaches davon regelmäßig zu verdienen.

Kürze ich jedoch meine Kosten und Informationsmöglichkeiten, reduziere die Schnelligkeit meiner Orderausführungen, riskiere halbe Blindflugtrades, so komme ich unter Umständen niemals in die Gewinnzone.

Sehr wichtig ist es, die aktuellen Wirtschaftsnachrichten in Echtzeit zu erhalten, damit auf diese entsprechend reagiert werden kann. Wenn diese Nachrichten durch Bewegungen der Kurse im Chart sichtbar werden, ist es oft zu spät, darauf zu reagieren, oder man versteht den Grund der Kursveränderung nicht.

Analog verhält es sich mit dem Handels- und Analyseprogramm. Hierzu gibt es umfangreiche Softwarepakete, die in der Tradestation bereits komprimiert enthalten sind. Sie brauchen dabei nichts mehr zu rechnen oder auszuwerten. Dies alles übernimmt für Sie das System, und dies noch dazu ohne jegliche Emotionen.

Sie können hierbei die verschiedensten Indikatoren und Oszillatoren einsetzen, die Handelsgrundlage der überwiegenden Anzahl der professionellen Marktteilnehmer sind. Ob Sie nun Ihre Handelsentscheidungen auf den Grundlagen des gleitenden Durchschnitts, dem Momentum, dem MACD, dem RSI oder nach einem anderen Verfahren treffen, das System erledigt dies für Sie automatisch.

Die Systeme können Sie nach Ihren individuellen Taktiken optimieren und zusammenstellen. So können Sie eine hohe Trefferwahrscheinlichkeit erreichen. Es gibt bereits Programme, die ganz alleine arbeiten und bei bestimmten Signalen eigenständig handeln, also kaufen oder verkaufen. Davon ist jedoch abzuraten. Diese sollten nur ein wichtiges Hilfsmittel sein. Nicht mehr und nicht weniger.

Aber: Sie allein müssen und sollen nach der Registrierung und Verarbeitung der für Sie wichtigen Daten die endgültige Handelsentscheidung treffen. Ansonsten wäre diese Tätigkeit ja zu einfach, nicht so spannend und in der Konsequenz auch zu gut bezahlt.

Ohne Sicherheiten geht es nicht!

Sie mieten Ihren Börsenarbeitsplatz an und eröffnen Ihr Konto mit einer Margineinzahlung, die in Abhängigkeit zu der Anzahl der gehandelten Kontrakte steht (mindestens 10.000 Euro). Diese wird zur Abdeckung Ihrer geschäftlichen Transaktionen durch das Brokerhaus benötigt und direkt auf Ihrem Konto geführt.

Bei den Kontrakten geht es zum Teil um recht hohe Summen. Allerdings brauchen Sie als Spekulant nicht die gesamte Summe einzuzahlen. Es reichen Sicherheiten, sogenannte Margins, aus. Die Höhe der Mindestsicherheiten wird von der Börse festgelegt und richtet sich auch nach der Volatilität des Basiswertes. Jeder Broker kann höhere Sicherheiten fordern. Stark schwankende Basiswerte haben höhere Margins als weniger volatierende Basiswerte.

Wer sich keinen eigenen Börsenarbeitsplatz einrichten möchte, kann folgendes Angebot nutzen:

- In unseren Handelsräumen haben Sie die Möglichkeit, einen Börsenarbeitsplatz anzumieten. Die monatliche Mietgebühr beträgt 1.200 Euro. Im Mietpreis enthalten ist sowohl die zur Verfügung gestellte Hard- und Software für den Börsenarbeitsplatz wie auch die in Echtzeit eingehenden Wirtschaftsnachrichten und der Datenfeed der EUREX.

- Der Börsenarbeitsplatz besteht aus zwei Rechnern und drei Bildschirmen. Auf dem ersten Bildschirm läuft das Realtime-Analysesystem, auf dem zweiten Bildschirm das Orderroutingsystem, und auf dem dritten Monitor erscheinen immer die neuesten Headlines und Wirtschaftsnachrichten der führenden Nachrichtenagenturen.
- Einarbeitung, Einzelschulung, Tagesanalyse und Seminare runden das Angebot ab.

Technische Unterstützung

Elektronische Analysesysteme in Real-Time, Börsendaten der EUREX und der CME, Nachrichtenticker sowie die wichtigsten Indikatoren.

Seminare und Schulungen

Es werden gezielte Veranstaltungen zu folgenden Themen angeboten:

- richtiger Einstieg in das Daytrading
- Aufbauseminar Daytrading
- Professionelles Daytrading

Damit können Sie Ihr Wissen und zugleich die Qualität Ihrer Trades laufend verbessern.

Gedankenaustausch mit anderen Daytradern

Diese zwischenmenschlichen Kontakte halten wir aus der Erfahrung heraus für wichtig und ergiebig. Der Meinungsaustausch wird gefördert, und der Trader ist nicht allein auf sich gestellt. Aber: Viele Meinungen können auch verwirren und verunsichern. Nur Ihre persönliche Einschätzung zählt!

Unterstützung durch die Centerleitung

Für alle Fragen zur Technik steht eine erfahrene Centerleitung zur Verfügung.

Unterstützend hierzu werden erprobte Handelssysteme eingesetzt, die eine flankierende Entscheidungshilfe geben. Die letztendliche Handelsentscheidung, die Einnahme einer Position, erfolgt jedoch durch den Trader und nicht durch die Maschine.

Wichtig: Bei allen Kauf- oder Verkaufsentscheidungen darf und wird Sie die Centerleitung nicht beraten, denn der Börsenhändler sind ausschließlich Sie selbst.

Installation des Systems zu Hause

Analog zur Einrichtung und des technischen Equipments in den Trading-Centern bieten mehrere dieser Betreiber auch an, einen Börsenarbeitsplatz bei Ihnen zu Hause oder im Betrieb zu installieren.

Wenn Sie dort dieselbe Leistung möchten, so wird dies sicherlich nicht günstiger sein. Allein schon aus dem Grund, weil das Center Leistungen wie die Börsendaten und Programme in größerem Umfang einkauft und in aller Regel dann günstiger abgeben kann.

Die Einrichtung eines professionellen Handelsplatzes beim Kunden erfolgt je nach Vorgabe entweder komplett oder im sogenannten Baukastensystem. Dabei kann die bereits vorhandene Hardware in aller Regel mit verwendet werden.

Dieses Angebot ist für Trader bestimmt, die von zu Hause aus professionell handeln möchten, weil Sie aufgrund der Entfernung oder wegen der beruflichen Einbindung nicht täglich die Handelsräume nutzen können. Gerade in diesem Kundensegment sehe ich für die Zukunft eine sehr große Marktchance.

Sie als Trader sind dann keinerlei Zwängen, seien sie zeitlicher oder organisatorischer Art, ausgesetzt. Ihre Arbeitszeiten können Sie völlig autark bestimmen, und Sie sind auch keinerlei Störung ausgesetzt. Wenn Sie Ihre Handelszeiten auf den frühen Vormittag und späten Nachmittag oder im USA-Handel auch auf den Abend verlegen, so verbleibt noch genügend Zeit für die Familie.

Vertrag mit einer Clearingbank

Unabhängig davon, ob Sie in den Handelsräumen der Trading-Center oder von zu Hause aus tätig werden, Sie benötigen den Service einer Brokerbank.

Sie können als privater Trader nicht direkt an der Börse Transaktionen durchführen, da Sie kein Broker sind, keine Banklizenz haben und kein Member (Mitglied) der Börse sind. Neben diesen erforderlichen Lizenzen müssten Sie auch noch so nebenbei einige Millionen Euro in bar als Sicherheiten stellen.

Da dies nicht möglich ist, bedienen Sie sich eines Brokers oder eines Wertpapierhandelshauses. Es gibt in Deutschland einige Anbieter, die diese Marktlücke entdeckt haben und die über ihre Mitgliedschaft den privaten Tradern den direkten Weg zur Börse ebnen.

Sie schließen die entsprechenden Verträge mit diesem Broker ab. Darin sind alle wichtigen Modalitäten geregelt:

- Kontoeröffnung
- technischer Ablauf

- Angaben zu Ihrer finanziellen Situation
- Börsentermingeschäftsfähigkeit
- Haftungsfragen
- Gebühren

Praxis-Tipp:

- Die Höhe dieser Gebühren ist für den Daytrader ein überaus wichtiges Kriterium, da diese mit darüber entscheiden, wann der Trader seinen Deckungsbeitrag erreicht und in die Gewinnphase kommt.
- Bedenken Sie bitte, dass ein durchschnittlicher Trader monatlich leicht auf 100 Trades, sprich Roundturns kommt. Ein sehr aktiver Trader, ein sogenannter Scalper oder Ticktrader, schafft monatlich zwischen 500 und 1.000 Trades.

Die Trades werden in sogenannte Halfturns oder Roundturns eingeteilt. Ein Halfturn ist nur eine Transaktion, z. B. der Kauf eines Futures. Ein Roundturn besteht aus zwei Transaktionen, dem Kauf und den späteren Verkauf eines Futures.

Beispiel:

Die Gebühren für einen Roundturn, also für einen in sich abgeschlossenen Trade, betragen zwischen fünf und zehn Euro. Des Öfteren sind damit auch Staffelpreise verbunden, wobei die ersten 100 Roundturns beispielsweise acht Euro Gebühren kosten und diese sich mit der steigenden Anzahl entsprechend reduzieren.

Die Höhe dieser Gebühren ist höchst kundenfreundlich und relativ niedrig. Sie müssen dabei bedenken, dass Sie zweimal ein Kapital von 92.000 Euro bewegen, wenn der DAX-Future sich bei 3.665 Punkten bewegt, wie jetzt im März 2009. Wenn Sie bei den etablierten Banken oder Sparkassen auf dem konventionellen Wege ordern, sind Gebühren von 30 Euro oder mehr leider keine Seltenheit.

Wichtig: Das zu eröffnende Konto beim Broker wird auf den Namen des Traders eröffnet. Neben dem Trader ist alleine das Brokerhaus berechtigt, dort Transaktionen zu verbuchen, das heißt Abbuchungen und Einzahlungen vorzunehmen. Diese richten sich nach dem Ergebnis der Trades. Waren diese erfolgreich, erfolgt eine Gutschrift. Beenden Sie den Trade mit Verlust, so wird Ihr Konto mit einer Abbuchung belastet.

Diese Regelung ist erforderlich, da ausschließlich vollelektronisch gehandelt wird und das Brokerhaus gegenüber der Börse in der Haftung steht.

In aller Regel werden die durchgeführten Handelsentscheidungen innerhalb weniger Sekunden verbucht, einschließlich der angefallenen Gebühren. Dadurch hat der Trader einen fortlaufenden Überblick über seinen Kontostand. Die Kontoauszüge werden täglich per Telefax oder Brief an den Trader versandt. Desgleichen erfolgt eine monatliche Gesamtaufstellung.

Für Buchhaltungszwecke und als Grundlage für die erforderlichen steuerlichen Aufstellungen wird auch eine jährliche Zusammenfassung erstellt.

Geforderte Sicherheitsleistungen

Der Handel mit Terminkontrakten stellt ein hohes Preisänderungsrisiko dar. Um sich davor zu schützen, werden von der jeweiligen Börse sogenannte Sicherheitsleistungen, in der Fachsprache Margin genannt, erhoben.

Die Banken und Brokerhäuser müssen bei der Börse ebenfalls umfangreiche Sicherheiten hinterlegen und fordern diese daher von ihren Kunden wieder ein (in aller Regel mit einem weiteren Sicherheitsaufschlag). Dieses System hat sich bewährt und sorgt für Sicherheit in den Märkten.

Es gibt im Wesentlichen folgende Arten der Margin:

Initial- oder Anfangsmargin

Dieser Betrag stellt die Grundlage dar, um überhaupt an der Terminbörse handeln zu können. Die Höhe diese Betrages ist abhängig von der Anzahl der zu handelnden Kontrakte und der Art der Kontrakte.

Um einen DAX-Future Kontrakt handeln zu können, müssen derzeit als Untergrenze 5.000 Euro und für einen BUND-Future 800 Euro hinterlegt werden (Intraday-Handel). Einzelne Anbieter verlangen auch absolute Mindestgrenzen, etwa 10.000 Euro oder mehr.

Hierbei lohnt es sich, eine Marktuntersuchung vorzunehmen, da es zwischen den konservativen Banken und Brokern und den sogenannten Discountbrokern und Trading-Centern sehr große Unterschiede gibt.

Variation Margin

Dient dazu, die an jedem einzelnen Börsentag erfolgte Verrechnung der Gewinne und Verluste vorzunehmen. Die Positionen werden mit dem täglichen Settlement-Preis bewertet. Die Differenz der Position am letzten Börsentag wird dem Trader belastet oder gutgeschrieben.

Risk Based Margin System

Dabei wird das Preisänderungsrisiko für alle Positionen des Traders errechnet. Der Gesamtposition eines Traders wird das Risiko der Einzelpositionen gegenübergestellt, so dass eine Verrechnung erfolgen kann.

Additional Margin

Darunter versteht man die für den nächsten Börsentag angenommene ungünstigste Preisentwicklung, zusätzlich aller weiteren Kosten.

Sicherheiten/Margin

Gründe hierfür sind:

- vollelektronischer Handel
- direkte Verarbeitung aller Trades
- Möglichkeit der Leerverkäufe/short gehen
- Broker haftet vorrangig für die Erfüllung aller Trades
- hohes, bewegtes Geldvolumen
- ein Kontrakt, dies ist die kleinste Einheit beim Futurehandel, bewegt derzeit etwa 92.000 Euro (DAX-Future 3.665 Punkte mal 25 Euro je Punkt)

Orderweg

Der Weg einer Order an die Börse und die Ausführung dieser Order wird in der Regel innerhalb von Sekunden ausgeführt. Die Order wird über den Zentralrechner des Systembetreibers an das Orderroutingsystem des Brokers und von dort an die jeweilige Börse geleitet. Dort wird der Auftrag sofort elektronisch ausgeführt. Von der Börse läuft das Ausführungssignal zurück über den Zentralrechner des Brokers und erscheint auf Ihrem Handelsbildschirm.

Zeitgleich überprüft das Risk-Management des kontoführenden Brokers, ob das Handelslimit im Rahmen liegt und nicht überschritten wurde. Sollte dies erfolgen, so erhalten Sie einen Hinweis, dass diese Order nicht erfolgen kann. Oder dass nur weniger Kontrakte gehandelt werden können, oder die Margin zu erhöhen ist.

Gleichzeitig kann dies auch ein Hinweis sein, dass beim Trader Defizite bestehen und unter Umständen weiterer Schulungsbedarf dringend erforderlich ist. Ein Totalverlust des Traders dürfte aufgrund dieser Sicherheitsmechanismen wenig wahrscheinlich sein.

Seine Kontoauszüge erhält der Trader täglich vom kontoführenden Broker per E-Mail oder direkt auf schriftlichem Wege.

Geeignete Instrumente für den Intraday-Handel

6

Welche Indizes sind zu empfehlen?

Daytrader lieben den schnellen Handel, einen volatilen Markt, hohen Umsatz, das Risiko und die hohen Gewinnchancen aufgrund der Hebelwirkung.

Grundsätzlich sind die nachfolgend genannten Futures für Daytrading zu empfehlen:

- BUND-Future
- DAX-Future
- EURO STOXX 50-Future
- Dow Jones-Future
- STANDARD and POOR'S 500-Future
- NASDAQ 100-Future
- E-MINI-S&P-Future
- E-MINI-NASDAQ-Future
- Forex Future (Devisenhandel)

Was ist ein Future?

Ein Future ist ein künstlich geschaffenes Börseninstrument, welches eine bestimmte Nachfrage abdeckt und damit seinen Zweck im Börsengeschehen erfüllt. Er wird definiert hinsichtlich:

- Menge
- Qualität
- Liefertermin

- standardisierter Terminkontrakt, bei welchem zu einem bestimmten, zukünftigen Zeitpunkt ein vereinbartes Handelsobjekt zu liefern beziehungsweise abzunehmen ist (beiderseitige Verpflichtung)

Bei allen Financial-Futures wie Aktienindizes ist anstelle einer tatsächlichen Lieferung eine Ausgleichszahlung in Geld zu leisten, da Sie keinen DAX oder Dow Jones liefern können.

Jedoch weit über 90 Prozent aller Future-Kontrakte kommen nicht zur Erfüllung, sondern werden vorher glattgestellt.

Future-Handel

Sehr einfaches Handling möglich, da es nur zwei Möglichkeiten gibt:

- Long gehen – rechnen mit steigenden Kursen.
  Es werden ein oder mehrere Kontrakte gekauft, um sie bei höheren Kursen mit Gewinn wieder zu verkaufen.

- Short gehen – rechnen mit fallenden Kursen.
  Es werden ein oder mehrere Kontrakte verkauft (Leerverkauf), um bei niedrigen Kursen mit Gewinn wieder einkaufen zu können.

Achtung: Future-Handel ist reine Spekulation! Um den Terminhandel ranken sich mehr Gerüchte von märchenhaften Gewinnen als um jede andere Geldanlage. Dabei handelt es sich bei den Transaktionen der Spekulanten im Terminhandel im Prinzip gar nicht um eine Geldanlage, sondern um eine Art Wette. Man könnte auch sagen, um ein Spiel, bei dem einer gewinnt und einer verliert. Die tatsächlich gelieferten Waren sind im Vergleich zu den gehandelten Waren verschwindend gering. Sie können Futures kaufen oder verkaufen.

Unabhängig davon, ob Sie Waren oder Finanzkontrakte handeln, können Sie die Kontrakte kaufen oder verkaufen. Beim Kauf eines Kontraktes hoffen Sie auf einen Kursanstieg. Das wird eine Long-Position genannt. Ihr Gegenpart geht von einem Kursrückgang aus. Deshalb verkauft er Ihnen einen Kontrakt. Er ist in der Short-Position.

Praxis-Tipp:

Stellen Sie Ihre Positionen glatt. Oberstes Prinzip beim Warenterminhandel ist, dass eingegangene Verpflichtungen eingehalten werden müssen. Darüber wacht die Börsenaufsicht. Das bedeutet nichts anderes, als dass Sie eine Kaufverpflichtung, beispielsweise über Schweinebäuche, auch einhalten müssen. Vorausgesetzt, Sie halten die Position bis zum Liefertag. Auf der anderen Seite müssen Sie die Schweinebäuche auch liefern, wenn Sie die Position bis zum Liefertag halten. Da Sie das vermutlich nicht wollen, müssen Sie Ihren Kontrakt vor dem Liefertag glattstellen. Das bedeutet, Sie verkaufen einen Kauf-Kontrakt oder kaufen einen Verkaufs-Kontrakt.

Laufzeit eines Futures

Es gibt vier Verfallstermine im Jahr:

- März-Kontrakt
- Juni-Kontrakt
- September-Kontrakt
- Dezember-Kontrakt

Verfallstag ist jeweils der dritte Freitag des jeweiligen Monats.

Wichtig: Immer vor jedem Verfallstag seine Position durch ein Gegengeschäft glattstellen. Dies wird den Daytrader in aller Regel wenig tangieren, da er jeden Tag mehrmals seine Position schließt.

Was versteht man unter Derivaten?

Wesentlich höhere Gewinnchancen, aber auch größere Risiken als etwa der Kauf von Aktien, Anleihen oder Gold bietet der Handel mit Futures und Optionen. Eine Besonderheit dabei ist, dass Sie damit auch auf den Fall von Aktien, Anleihen, Gold und anderen Geldanlagen spekulieren können.

Futures (auch CFD's) und Optionen werden als Derivate (Abkömmlinge) bezeichnet, weil beispielsweise eine Aktienoption oder der DAX-Future von der Kursentwicklung des Basiswertes, in diesem Fall einer bestimmten Aktie oder dem DAX, abhängen.

Wichtig: Ein Vorteil von Derivaten besteht darin, dass man auf die Kursentwicklung der Basiswerte spekulieren kann, ohne die Basiswerte selbst besitzen zu müssen. Deshalb ist der finanzielle Einsatz relativ gering.

Warum werden Derivate geliebt und gehasst?

Der Grund für den Kauf von Derivaten anstatt des entsprechenden Basiswertes ist der kleinere Kapitaleinsatz und, damit verbunden, die enorme Hebelwirkung. Die Derivate nehmen oft an der Preisentwicklung des Basiswertes in vollem Umfang teil. Bezieht man nun die Preisänderung der Derivate auf den geringeren Einsatz, erkennt man die enorme Hebelwirkung. Deshalb erhoffen Spekulanten einen erkannten Trend, zum Beispeil den Aufwärtstrend einer Aktie oder eines Indizes, mit Derivaten besser zu nutzen als etwa mit dem Kauf des Basiswertes.

Achtung: Neben der Fehleinschätzung ist der größte Gegner des Spekulanten die Zeit. Sowohl die Laufzeit der Optionen als auch die der Futures ist begrenzt. Deshalb muss beim Kauf von Derivaten die erwartete Entwicklung innerhalb der Laufzeit eintreten. Andernfalls ist das Geld für die Option oder der Einschuss für den Future verloren. Aktien oder Gold beispielsweise können Sie beliebig lange halten.

Futures

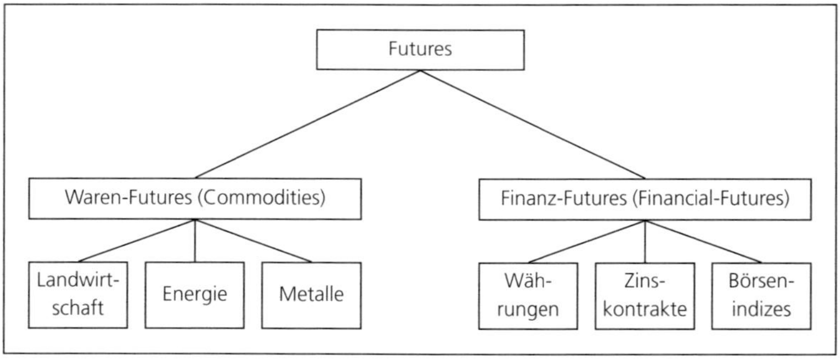

Aus jedem der sechs Bereiche der obigen Grafik seien einige Beispiele genannt:

- landwirtschaftliche Produkte:
  Schweinebäuche, Hafer, Weizen, Mais, Sojabohnen, Kaffee, Zucker etc.
- energiewirtschaftliche Produkte:
  Benzin, Rohöl, Heizöl etc.
- Metalle:
  Kupfer, Gold, Platin, Silber etc.
- Währungen:
  Dollar, Euro, Pfund, Schweizer Franken etc.

- Zinskontrakte:
  T-Bonds, Deutsche Bundesanleihen, Japanese Bonds etc.
- Börsenindizes:
  DAX, S&P 500, Dow Jones, Nikkei etc.

Daytrading mit Aktien oder Futures?

Grundsätzlich geeignet sind Derivate und Aktien. Jedoch aus folgenden Gründen sind Aktien für den schnellen Handel nicht zu empfehlen:

- zu hoher Kapitaleinsatz erforderlich
- kein Leerverkauf möglich
- Gewinne nur bei steigenden Kursen möglich
- hohe Kosten
- hoher Spread
- keine Abnahmeverpflichtung im Markt

Drei Beteiligte beim Daytrading

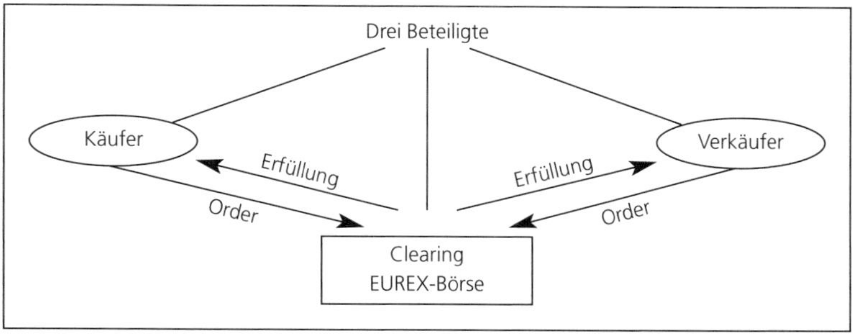

Vorteile beim Daytrading mit dem Future

- beiderseits verpflichtender Vertrag zwischen Käufer und Verkäufer
- beide stehen sich nicht direkt gegenüber
- Erfüllung aller Geschäfte durch Clearing-Stelle
- wesentlich geringerer Kapitaleinsatz
- damit verbunden die hohe Hebelwirkung
- wesentlich weniger Kosten und Gebühren
- geringer Spread
- hohe Liquidität des Marktes

Weiterer Vorteil der Derivate ist: Man kann damit auch auf einen Kursverlust des Basiswertes spekulieren! Man spricht hier von sogenannten Leerverkäufen. Darunter ist zu verstehen, dass man die Basiswerte gar nicht besitzen muss. Daher ist nur sehr geringer finanzieller Einsatz erforderlich!

Handel mit dem DAX-Future

Die überwiegende Anzahl der Daytrader arbeitet mit dem DAX-Future. Die Gründe liegen auf der Hand und können komprimiert wie folgt aufgezählt werden:

- Der DAX ist ein rein deutscher Wert.
- Er beinhaltet die 30 größten Aktienwerte in Deutschland.
- Er umfasst alle wichtigen Branchen und schafft damit einen gewissen Risikoausgleich.

- Es ist eine hohe Liquidität im Markt.
- Dadurch ist die Volatilität, also die Schwankungsbreite, sehr hoch, was für den Daytrader ideal ist.
- Die wichtigsten Wirtschaftsnachrichten kommen aus Deutschland und sind in deutscher Sprache.

Der Punktwert beträgt 25 Euro.

Handel mit dem EURO STOXX 50-Future

In diesem Index sind mit die 50 wichtigsten Firmen in Europa integriert (z. B. Danone, Nokia, Renault). Dies bedeutet, dass ein weiterer Risikoausgleich gegeben ist, da mehrere länderspezifische Gegebenheiten mit einfließen. Aus diesem Grund läuft dieser Index etwas harmonischer als der DAX: Er hat nicht dessen hohe Schwankungsbreite und Volatilität. Das Volumen ist wegen der Internationalität sehr hoch, etwa sechsmal höher als im DAX. Für den Einsteiger ist der EURO STOXX 50-Future gut geeignet.

Der Punktwert beträgt nur zehn Euro.

Handel mit dem BUND-Future

Hierbei handelt es sich um einen Index, der auf einem Zinsinstrument aufbaut. Er wird hauptsächlich von institutionellen Anlegern gehandelt (Banken, Versicherungen, Fonds, Vermögensanleger). Daher ist der Kurs berechenbarer und keinesfalls so gefährlich in der Schwankungsbreite wie der DAX.

Der BUND-Future ist für den Anfänger sehr gut geeignet, da dieser nur das Wesen des Indexes und dessen spezifische Wirkungsweise kennen und verstehen muss (Näheres hierzu finden Sie in Kapitel 9).

Der Punktwert wird hier in Hundertstel gerechnet, mit jeweils zehn Euro pro 1/100 Punkt.

Wie bereite ich meine Handelsentscheidungen vor?

7

Fundamentalanalyse

Elementar für den Erfolg an den Börsen ist die richtige Markteinschätzung, das heißt die Einschätzung der jeweiligen Situation und daraus folgend die Prognose für die Zukunft. Sie ist jedoch auf längere Zeiträume ausgelegt und für das schnelle Geschäft eines Daytraders nicht geeignet.

Für die Fundamentalanalyse gilt grundsätzlich:

- Sie verfolgt das Ziel, die Auswirkung fundamentaler Einflussfaktoren auf Kursentwicklungen zu analysieren (mögliche Angebots- und Nachfrageverschiebungen) und durch einen Vergleich des aktuellen Preises mit einem fundamental als „fair" angesehenen Preis (z. B. innerer Wert bei Aktien, Kaufkraftvergleich bei Währungen) Über- und Unterbewertungen feststellen zu können.
- Sie bedient sich sehr stark der quantitativen Analyse.
- Sie ist zu Timingzwecken ungeeignet.

Technische Analyse

Sie betrachtet das Verhalten der Marktteilnehmer und deren Einschätzung der aktuellen Situation. Das psychologische Verhalten der Anleger ist zu ergründen und entsprechend umzusetzen. Welche Ängste und Erwartungen könnten vorhanden sein, und wie werden sich diese auswirken?

Der Analyst arbeitet daher hauptsächlich mit dem Chart. Daraus kann er das Wesentliche entnehmen. Der faire Wert einer Aktie oder eines Unternehmens ist hierbei nicht wichtig. Die technische Analyse ist hautnah am Markt und kann daher jede Veränderung des Anlegerverhaltens sofort am Chart erkennen.

Vorteile und Wirkungsweise der technischen Analyse:

- sie baut im Wesentlichen auf den verschiedenen Trendfolgemethoden auf

- sie soll helfen:
  - optimale Ein- und Ausstiegssignale zu erkennen
  - das Risiko zu minimieren
  - Gewinne weiter laufen zu lassen
  - eine bessere Auswahl von Aktien treffen zu können
  - Trends und deren Stärke auszumachen
  - Trendumkehrsignale frühzeitig zu erkennen

Candlestick-Charts

Die Candlestick-Charttechnik findet ihren Ursprung in Japan und trägt den Kurs des beobachteten Produktes über die Zeitachse auf.

In der Darstellungsart wird generell zwischen weißen und schwarzen Kerzen unterschieden.

Für das Daytrading empfehle ich dringend die Verwendung dieses Charts. Daraus können Sie den höchsten Informationsgehalt entnehmen und diese Erkenntnisse in Ihre Handelsentscheidungen einbeziehen.

Candlestick-Charttechnik

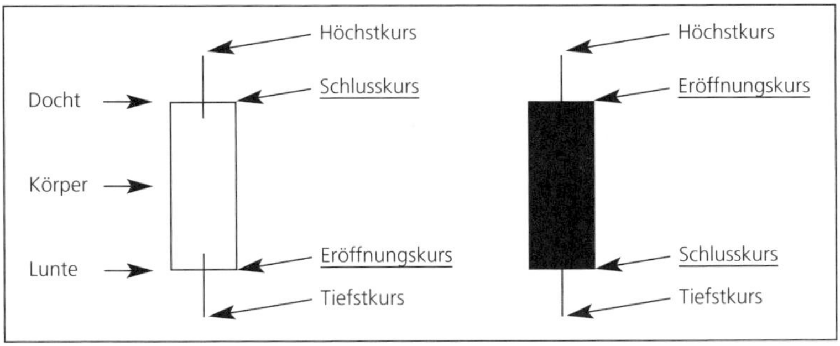

Zum besseren Verständnis für den interessierten Leser möchte ich einige Grundmuster möglicher Candlestick-Formationen aufzeigen und diese kurz erläutern.

Eine Unterscheidung zwischen weißen und schwarzen Kerzenkörpern erleichtert die Bedeutung und Interpretation des Chartmusters. Sehr häufig treffen für spiegelbildlich entgegengesetzte Formationen und Färbungen auch die jeweils konträren Kursprognosen zu.

Grundmuster und deren Interpretation

Long white body

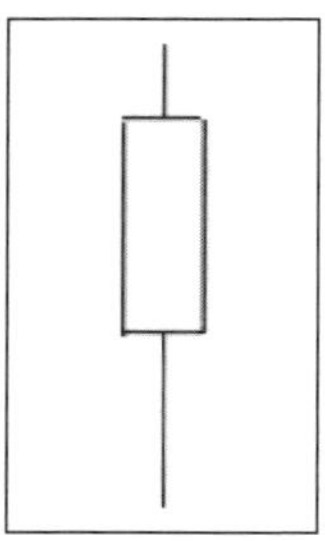

Diese Kerzenform zeigt einen steigenden Kursverlauf in einer bestimmten Zeiteinheit an. Dies kann eine Minute, Stunde, Woche oder Monat sein, je nachdem, welches Zeitintervall Sie eingestellt haben. Die beiden Schatten (kurzer oben, langer unten) zeigen, dass dieser Kurs sich auch im oberen Bereich des Beobachtungszeitraumes befindet.

Long black body

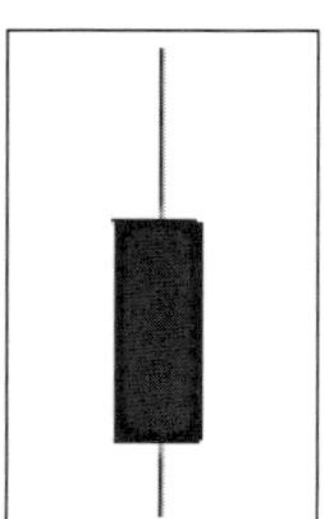

Diese konträre Kerzenform zeigt einen fallenden Kursverlauf in einer bestimmten Zeiteinheit an. Die beiden Schatten (oben lang, unten kurz) zeigen, dass sich der Kurs innerhalb des Beobachtungszeitraumes im unteren Bereich befindet.

Hausse-Kerzen

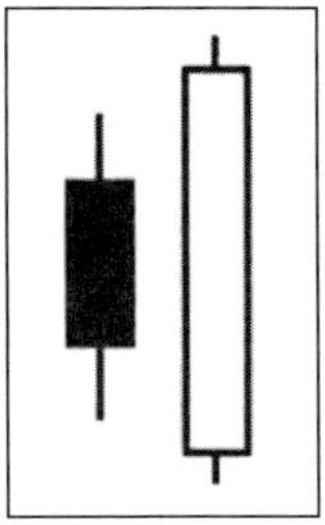

Nach einer kürzeren schwarzen Kerze folgt eine längere weiße. Wenn Sie diese Formation nach einem starken Abwärtstrend beobachten, können Sie mit großer Wahrscheinlichkeit mit steigenden Kursen rechnen. Die weiße Kerze muss allerdings größer sein als die schwarze und diese eindeutig umhüllen – oben und unten erheblich länger sein (Bullish engulfing lines).

Baisse-Kerzen

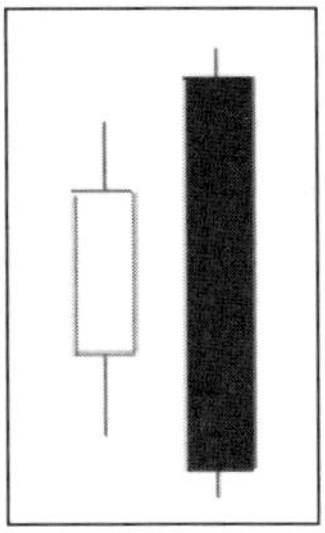

Die genau konträre Formation zeigt eine lange schwarze Kerze, die einer kürzeren weißen nachfolgt und diese ummantelt. Diese Formation tritt nach einem starken Aufwärtskurs auf (Bearish engulfing lines).

Hanging Man

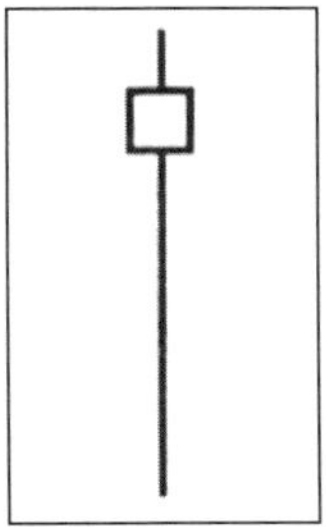

Beim sogenannten hängenden Mann, „Hanging Man", hängt an einem sehr kurzen Kerzenstummel eine lange Lunte (daher der prägnante Name). Dies signalisiert sehr oft eine Trendumkehr. Im Besonderen dann, wenn diese Form sich nach einem starken Aufwärtstrend ausbildet.

Die Ausprägung dieser Figur zeigt, dass nur eine geringe Differenz zwischen Anfangs- und Schlusskurs vorlag. Die Lunte drückt aus, dass die Shortys bereits sehr aktiv waren. Jedoch war ihr Einfluss zu diesem Zeitpunkt noch nicht so bestimmend, um den negativen Trend während des Beobachtungszeitraumes bis zum Ende durchzuhalten oder zu bestimmen.

Zeichnet sich anschließend im Chart eine durchgefärbte Baisse-Kerze, kann darin eine Bestätigung von zu erwartenden Kursrückgängen gesehen werden. Prägnant ist bei diesem „Hanging Man" der nur sehr kurze Docht nach oben.

Hammer

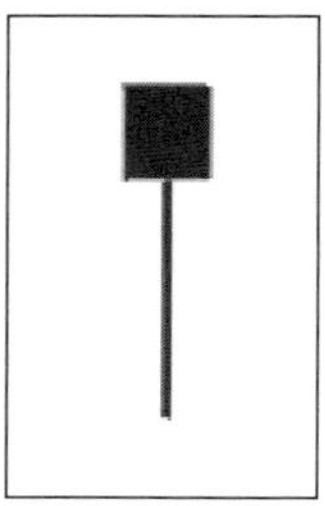

Fehlt dieser Docht an der Kerze, so sieht der „Hanging Man" genauso aus wie ein „Hammer". Diese Abbildung wird in der Weise interpretiert, dass während des Beobachtungszeitraumes die Optimisten den Markt beherrscht haben. Der lange, nach unten hängende Schatten zeigt, dass Pessimisten den Kurs während des Beobachtungszeitraumes nach unten getrieben haben. Der Schlusskurs jedoch liegt aber beträchtlich über den Tiefstkursen, und zwar umso mehr, je länger der Schatten herunterhängt. Entscheidend für die Börsentendenz ist der höhere Schlusskurs, nämlich die untere Begrenzung des Kerzenkörpers. Dessen dunkle Zeichnung sagt lediglich aus, dass der Kurs gegenüber dem letzten Beobachtungszeitraum noch weiter gesunken ist. Dies ist aber für den interessierten Spekulanten bereits Vergangenheit. Folgt im Anschluss daran eine weiße Kerze, die steigende Kurse signalisiert, so ist dadurch die Formation des „Hammers" bestätigt.

Um Verwechslungen vorzubeugen, müssen Sie die Charts genau beobachten. Der „Hammer" hat nämlich keinen nach oben gerichteten Dochtstummel wie der „Hanging Man". Im Unterschied zu diesem kamen während des Beobachtungszeitraumes keine Kursausbildungen zustande, die über den Anfangs- beziehungsweise den Schlusskursen lagen.

Shooting Star

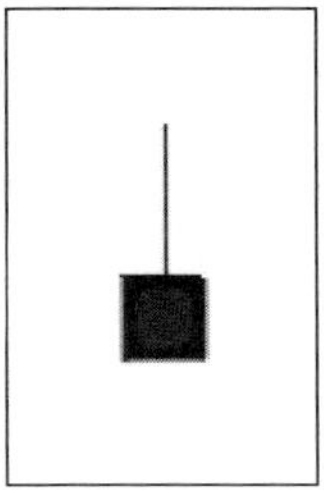

Das Gegenstück des „Hammers" stellt der „Shooting Star" dar. Dabei ist der Kerzenkörper ebenfalls relativ klein. Der Docht ist prägnant und relativ lang. Ein nach unten hängender Schatten ist nicht vorhanden. Diese Formation drückt aus, dass eine optimistische Stimmung vorherrschte und es gelungen war, Kurssteigerungen zu erzielen. Aber der Schlusskurs des Betrachtungszeitraumes liegt deutlich tiefer als der obere Rand des kurzen Kerzenkörpers, der daher gefärbt ist. Dies kann als Trendumkehrsignal gedeutet werden.

Noch deutlicher wird die Aussagekraft dieser Formationen dann, wenn sie von sogenannten Gaps begleitet werden. Darunter versteht man Kurslöcher, die zwischen den Oberkanten der vorangehenden und den nachfolgenden Kerzen und der unteren Begrenzung der „Shooting-Star"-Kerze auftreten.

Hanging Man

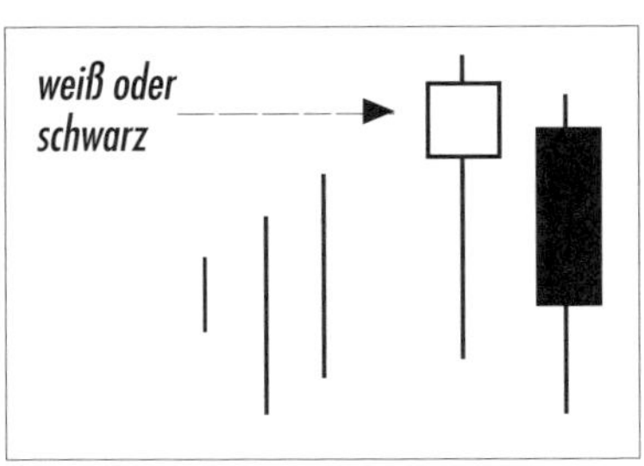

Tritt diese Formation in einen deutlichen Aufwärtstrend, signalisiert sie eine Topbildung. Der „Hanging Man" hat einen kleinen Kerzenkörper (weiß oder schwarz) und einen unteren Schatten, der doppelt so lang wie sein Körper sein sollte. Es sollte kein beziehungsweise nur ein äußerst geringer oberer Schatten vorhanden sein. Weiter ist wichtig, dass die nachfolgende schwarze Kerze die negative Bestätigung unterstreicht, das heißt dass sie mit dem Schlusskurs unter dem Körper des „Hanging Man" liegt. Der lange untere Schatten zeigt einen zunehmenden Verkaufsdruck. Die kleine Kerze zeigt, dass die Kraft der Optimisten nachlässt.

Shooting Star

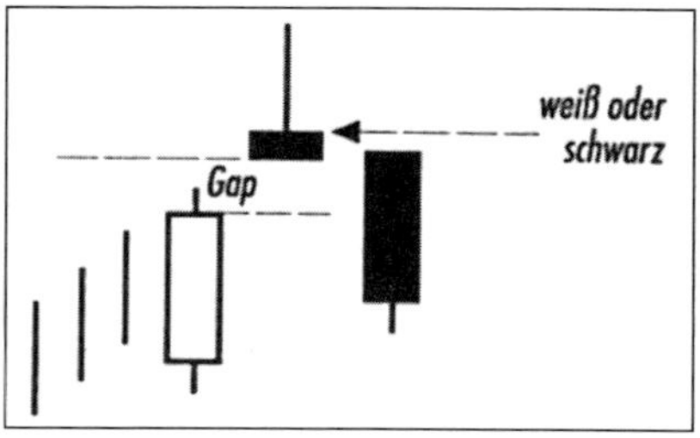

Der „Shooting Star" zeigt das Ende einer Aufwärtsbewegung an und hat sozusagen eine Frühwarnfunktion. Bei dieser Formation liegen Eröffnungs-, Tiefst- und Schlusskurs eng beieinander. Idealerweise befindet sich zwischen dem „Shooting Star" und der vorherigen Kerze noch ein Gap. Bedeutsam ist, dass die Bestätigung für eine Trendwende erst mit einer deutlich schwächeren Börsensitzung am nächsten Tag vorliegt.

Morning Star

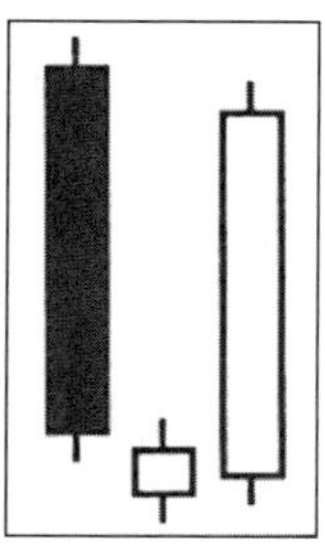

Beim Chartmuster des Morgensterns („Morning Star") liegt die kleine Kerze unter den beiden anderen, wobei die linke schwarz und die rechte weiß ist. Für die Interpretation ist es wichtig, dass diese Formation nach einer Abwärtsbewegung auftritt.

Evening Star

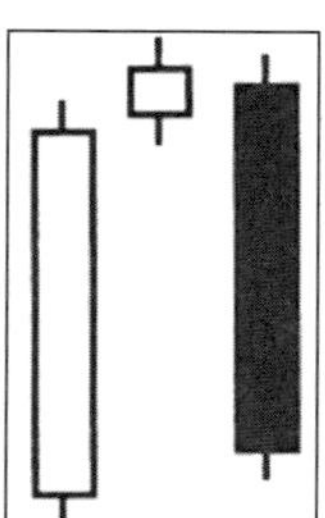

Als Abendstern („Evening Star") wird die gegenteilige Formation, einer tiefergelegenen weißen Kerze folgt eine höherliegende schwarze, bezeichnet. Dazwischen befindet sich über den beiden langen Kerzen eine kurze weiße oder schwarze Kerze. Dieses Muster zeigt eine Gipfelbildung, sofern es nach einem Aufwärtstrend zu beobachten ist.

Doji-Stern „bullish"

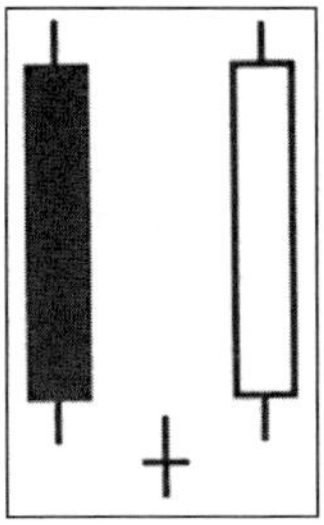

Zwischen den beiden langen Kerzenkörpern entsteht ein sogenanntes „Doji"-Kreuz. Mit einer Kurssteigerung kann gerechnet werden, wenn der „Doji" unter den beiden langen Kerzenkörpern liegt, wobei der rechte Kerzenkörper weiß und der linke schwarz sein muss.

Doji-Stern „bearish"

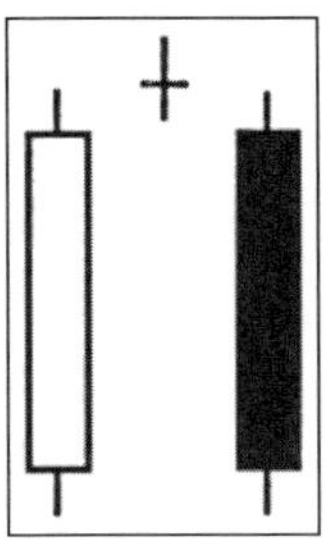

Konträr: „Doji" oben, dabei muss die linke Kerze weiß und die rechte Kerze schwarz sein. Dies könnte ein Ende eines vorherrschenden Aufwärtstrends anzeigen. Wichtig für die Interpretation ist, dass beide Kerzen jeweils etwa gleich lang sind und in gleicher Höhe stehen.

Identical Three Soldiers

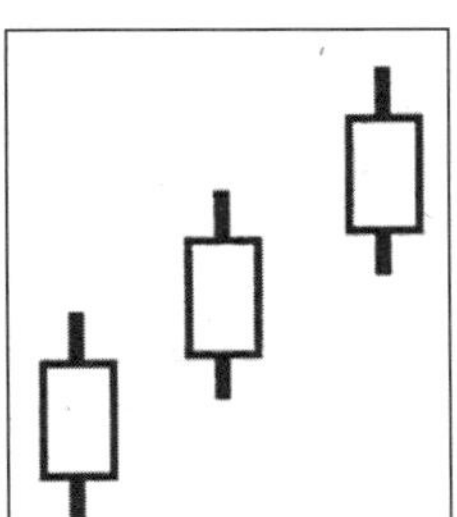

Diese Formation ist eine Reihe von drei weißen Candlesticks, die eine Pause in einem Aufwärtstrend anzeigen.

Bitte verwechseln Sie diese Formation nicht mit der „Three White Soldiers".

Identical Three Crows

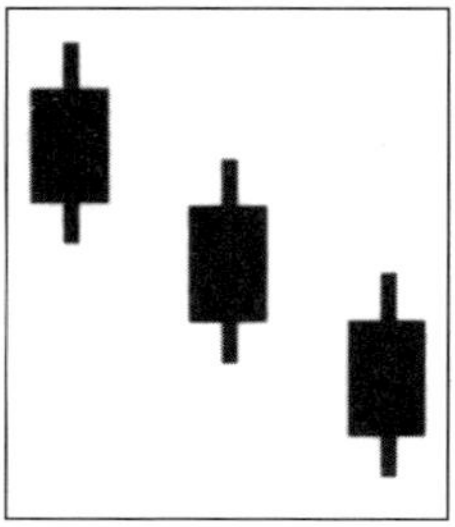

Bei dieser Formation ist der jeweilige Eröffnungskurs mit dem Vortagesschluss nahezu identisch. Sie gilt als Hinweis auf einen Ausverkauf, der zumindest vorläufig das Ende einer Abwärtsbewegung einläutet.

Bitte verwechseln Sie diese Formation nicht mit der normalen „Crow"-Formation.

Bullish Belt Hold

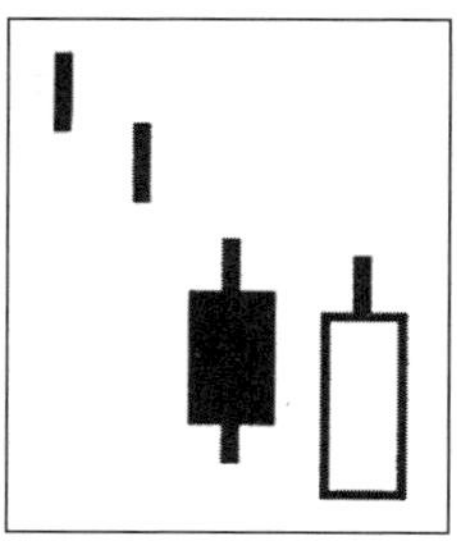

Dabei steht ein weißer Candlestick gegen den bisherigen Abwärtstrend. Wichtig ist, dass der Eröffnungskurs gleichzeitig auch das Tagestief darstellt. Ab diesem Zeitpunkt erholen sich die Kurse und schließen nahe beim Tageshoch.

Je größer die weiße Kerze ist, desto wahrscheinlicher erfolgt eine Trendumkehr. Eine Bestätigung des nächsten Tages sollte abgewartet werden.

Bearish Belt Hold

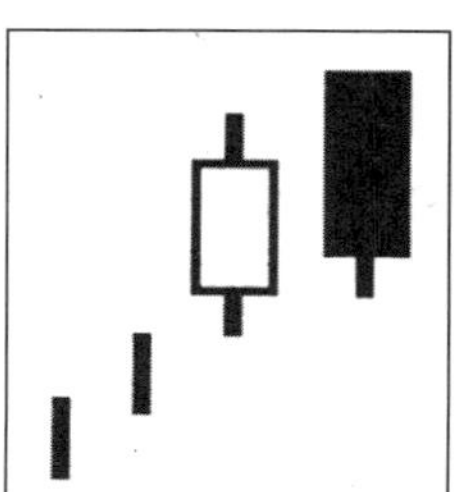

Bei den beiden Formationen ist es aussagekräftiger, wenn die Kurse in der Bewegung des jeweiligen bestehenden Trends eröffnen und anschließend erst im Laufe des Börsentages die konträre Richtung einschlagen.

Eine Bestätigung des nächsten Tages sollte abgewartet werden.

Two Soldiers

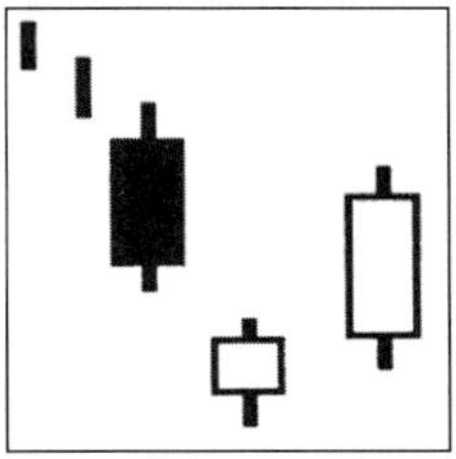

Innerhalb eines Abwärtstrends kommt es am letzten Ende dieses Trends oftmals zu einem Exhaustion-Gap. Eine weitgehende Bestätigung als Trendumkehrsignal erhält dieses Gap dann, wenn es in den folgenden Tagen durch die Formation „Two Soldiers" geschlossen wird.

Two Crows

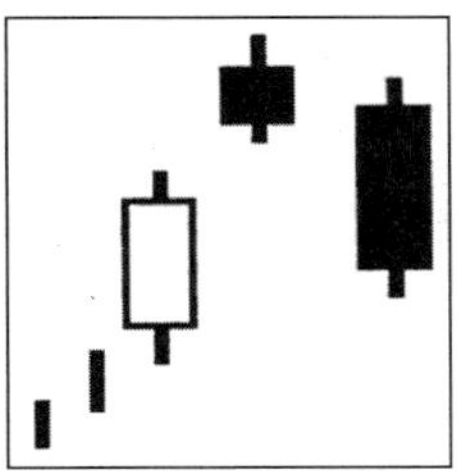

Diese Formation hat eine gute Aussagekraft und kommt relativ häufig vor. Hier sind zum letzten Male die Optimisten aktiv geworden. Jedoch wurden sie innerhalb von zwei Tagen eines Besseren belehrt.

Three White Soldiers

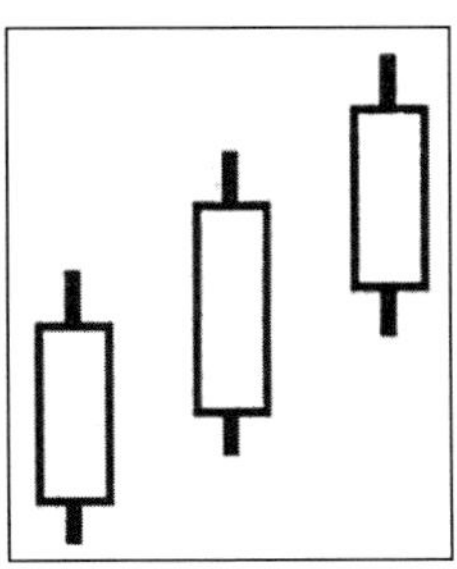

Sie besteht aus drei langen weißen Kerzen. Wichtig ist, dass jede der Kerzen innerhalb des Körpers vom Vortag ihren Eröffnungskurs hat. Anschließend steigt der Tageskurs über den Schlusskurs des Vortages und schließt jeweils nahe beim Tageshoch.

Dieses Chartmuster wird als äußerst bullish bewertet.

Three Black Crows

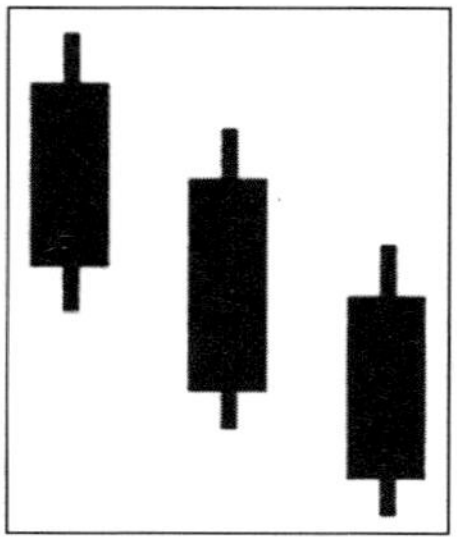

Die Aussagekraft ist hierbei in konträrer Form zu interpretieren.

Beide Chartmuster deuten auf einen Wechsel des bisherigen Trends hin. Öfter taucht diese Formation nach einer Konsolidierungsphase auf, wenn der neue Trend an Kraft gewinnt.

Praxis-Tipp:

Diese Deutungen sind Grundmuster der Candlestick-Analyse mit allen entsprechenden Vorbehalten. Für das Daytrading sind diese Muster nur sehr bedingt anwendbar, weil die Zeitintervalle oft nur Minuten betragen und dies für eindeutige Prognosen zu kurz ist. Für den Positions- oder Over-Night-Trader, der auch länger im Markt ist, steigt die Aussagekraft entsprechend. Die genannten Interpretationen sollten vor einer Handelsentscheidung mit weiteren Indikatoren und Hilfsmitteln geprüft werden.

Indikatoren

Der Daytrader muss vor seiner Handelsentscheidung erst eine Reihe von Checks durchführen, ähnlich wie ein Flugzeugpilot, ehe er sich zum Tagesgeschehen eine Meinung bilden kann.

Neben der Prüfung des vorausgegangenen Börsentages, dem bereits erfolgten Handel in Fernost, den eventuell heute anstehenden wichtigen Börsenterminen, national und international, ist es grundsätzlich wichtig zu entscheiden, mit welchen Indikatoren man persönlich arbeiten möchte.

Wichtig: Mehrere Daytrading-Center bieten innerhalb ihres Angebotes auch Analyseprogramme an, die Sie dann nutzen können und in denen die wichtigsten und anerkanntesten Indikatoren bereits enthalten sind. Dies bedeutet, dass Sie keinerlei Schreib- oder Rechenaufgaben mehr zu erledigen haben, sondern das Handelssystem dies für Sie tut.

Es wird Ihnen die gewünschte Information innerhalb von Sekunden angezeigt beziehungsweise die verschiedenen Trendlinien der Indikatoren befinden sich laufend auf Ihrem Bildschirm.

Diese Art der Handelsunterstützung empfehle ich sehr, da es Handelsentscheidungen erleichtert und unterstützt. Vorteilhaft bei den guten Systemen ist, dass die wichtigsten Indikatoren bereits fest vorgegeben sind und damit eine gute Arbeitsgrundlage geschaffen ist. Für den professionellen Trader ist es leicht möglich, sich die Indikatoren individuell zu erstellen und das System für sich zu optimieren.

Darunter ist zu verstehen, dass Sie damit die letzten Handelstage und nach Ablauf auch den jeweiligen Handelstag daraufhin überprüfen können, wie hoch die Trefferquote, das heißt die Anzahl der richtigen Trades bei dieser Systemeinstellung war. Ein Wert von etwa 70 Prozent ist anzustreben. Mit dieser Optimierung können Sie dann einige Tage arbeiten, bis Sie diese erneut anpassen müssen.

Praxis-Tipp:

Arbeiten Sie nicht mit zu vielen Indikatoren, da ansonsten der Chart unübersichtlich wird und ein schnelles Handling erschwert. Eine Anzahl von zwei bis drei Indikatoren ist völlig ausreichend.

Es gibt eine große Anzahl von Indikatoren, woraus ich nur die nach meiner Meinung wichtigsten aufzählen und kurz skizzieren möchte:

Moving Averages

Darunter versteht man gleitende Durchschnitte. Diese gehören zu den wichtigsten und am häufigsten verwandten Indikatoren. Diese gleitenden Durchschnitte (GDs) können mit den verschiedensten Ansätzen berechnet werden und sind daher weit einsetzbar.

Mit der Bezeichnung wird bereits die Eigenschaft ausgedrückt. Darunter ist zu verstehen, dass über einen bestimmten Zeitraum (Jahre, Monate, Tage oder Minuten) ein Mittelwert der Kurse berechnet wird. Mit jeder eingestellten Zeiteinheit und damit neuem Kurs verändert sich der Wert. Dies geschieht in der Art und Weise, dass jede neue Berechnungseinheit (z. B. Handelstag) neu in den Durchschnitt mit aufgenommen und die älteste Einheit aus der Berechnung entfernt wird.

Da aufgrund dieser Art der Berechnung der Mittelwert daraus dem Trend folgt, ist der GD daher der einfachste und damit auch wichtigste aller Trendfolge-Indikatoren.

Gewichteter GD

Für Sie als Daytrader ist die kurze Zeiteinheit entscheidend.

Daher kommt dem gewichteten GD noch mehr Bedeutung zu. Dabei werden alle Kurse mit einem Gewichtungsfaktor versehen, wobei die aktuellen Kurse höher gewichtet werden. Dies ist enorm wichtig, weil beim Daytrading die kurzfristige Trendentwicklung elementar wichtig ist.

Je nachdem, mit welchen Zeitreihen Sie arbeiten, wird das Ergebnis unterschiedlich sein.

Grundsätzlich zeigt ein aufwärts gerichteter GD einen Aufwärtstrend an. Bei umgekehrten Vorzeichen entsprechend. GDs mit kürzeren Berechnungszeiten zeigen schneller ein neues Trendsignal an.

Als Standardinterpretation gilt der Schnitt des GDs mit dem zugrunde liegenden Kursverlauf. Ein Schnittverlauf von unten nach oben ist ein Kaufsignal, ein Schnitt von oben nach unten ein Verkaufsignal. Als Filter kann man noch einen Prozentsatz von beispielsweise drei Prozent benutzen, um den der GD erst jeweils durchbrochen sein muss, bevor man eine Position eröffnet.

Momentum

Das Momentum ist ein sehr häufig eingesetzter Oszillator. Es wird damit versucht, die Kraft einer Kursbewegung zu messen. Dabei wird vom aktuellen Kurs einfach der Kurs der letzten eingestellten Intervalle abgezogen. Zweck ist es, neue Trends zu erkennen. Diese künden sich sehr oft durch große Kursbewegungen an. Im Laufe der Zeit lässt die Kraft des Trends und damit der absolute Wert des Momentums häufig nach.

Die klassische Interpretation liefert der Durchbruch der Mittelpunktslinie von unten nach oben. Dies ist ein Kaufsignal, wobei der Durchbruch von oben nach unten eindeutig für ein Verkaufssignal steht.

Moving Average Convergence Divergence-Indikator

Der MACD wird sehr häufig verwendet. Er eignet sich für nahezu jegliche Marktlage als wichtiges technisches Hilfsmittel.

Der MACD subtrahiert zwei GDs voneinander. Ein Wert oberhalb Null drückt aus, dass der kurze GD oberhalb des langen GDs liegt. Ein Wert unterhalb Null beschreibt das Gegenteil. Je weiter die MACD-Linie von der Linie Null entfernt ist, desto stärker herrscht eine Divergenz vor. Dies bedeutet eine weitere Verstärkung des vorherrschenden Trends. Eine Abnahme zeigt eine Schwächung des Trends.

Entscheidend ist es jedoch, eine Trendwende zu erkennen.

On Balance-Volume

Der OBV-Indikator setzt das Volumen, also die Umsätze zu den Kursveränderungen, in Relation. Es wird das Tagesvolumen für eine gegebene Periode addiert oder subtrahiert, abhängig davon, ob der Tagesschlusskurs höher oder niedriger als der des Vortages war. Eine Glättung ist zur Verstärkung der Aussagekraft noch möglich.

Steigt nun der Markt, ohne dass der OBV diese Bewegung mitmacht, befinden sich die Kurse an der Spitze. Dies könnte auf fallende Kurse hindeuten.

Stagniert jedoch der OBV bei sinkendem Markt, deutet dies auf einen Wendepunkt hin, also auf steigende Kurse.

Es wird angezeigt, ob Kapital in den Markt fließt oder diesem entzogen wird.

Relative-Stärke-Index

Er versucht, die innere Stärke innerhalb einer bestimmten Anzahl von Tagen oder auch in kürzeren Zeitabschnitten zu messen. Im RSI wird ein Verhältnis zwischen den Auf- und Abwärtsbewegungen der jeweiligen Tageskurse gebildet. Der Indikator schwankt zwischen Null und 100.

Daraus ergibt sich, dass bei einem Wert von Null keinerlei innere Stärke mehr vorhanden ist. Der Kurs ist im betrachteten Zeitraum ausschließlich gefallen. Ein Wert von 100 dagegen bedeutet, dass die optimale innere Stärke vorhanden ist und der Kurs nur gestiegen ist. Der Markt ist überkauft. An einem solchen Punkt ist eindeutig mit einer Gegenreaktion zu rechnen.

Das echte Kauf- oder Verkaufsignal wird in der Praxis erst dann erzeugt, wenn der Indikator den jeweiligen Extrembereich verlässt.

Bollinger Band

Der Kurs neigt im Allgemeinen dazu, sich von einem Bollinger Band zum nächsten zu bewegen. Die Bollinger Bänder bewegen sich ober- und unterhalb des gleitenden Durchschnitts einer festeingestellten Periode x.

Durchbricht der Kurs das obere Band, ist die Long-Position zu überprüfen. Durchbricht der Kurs das untere Bollinger Band, so ist die Short-Position zu überprüfen. In beiden Fällen sind die nachfolgenden Indikatoren in die Entscheidung mit einzubeziehen, ob eine Long- oder Short-Position eingegangen wird.

Stochastik

Die Stochastik setzt sich aus zwei Durchschnittslinien zusammen, die als Prozent-K-Linie (blau) und Prozent-D-Linie (rot) bezeichnet werden und zwischen Null und 100 oszillieren.

Wichtig sind dabei die folgenden Signale:

- Verkaufsignal = wenn beide Linien die 75er Linie von oben nach unten schneiden
- Kaufsignal = wenn beide Linien die 30er Linie von unten nach oben schneiden

Der Indikator drückt aus, dass in einem Aufwärtstrend die täglichen Schlusskurse näher beim Tageshöchstkurs liegen, während in einem Abwärtstrend die Schlusskurse näher beim Tiefstkurs liegen.

Eine Umkehr des Trends wird dadurch identifiziert, dass sich die Schlusskurse immer weiter in die konträre Richtung bewegen. Wenn abschließend dann der Wert auf Tageshoch beziehungsweise -tief schließt, ist der Trend vorbei.

Trend-Bestätigungs-Indikator

Durch den Trend-Bestätigungs-Indikator (TBI) wird versucht, einen bereits durch einen GD erkannten Trend mit Hilfe eines weiteren

GDs zu bestätigen. Die beiden gleitenden Durchschnitte, generell ein sehr kurzfristiger und ein längerfristiger, werden dividiert.

Ein Kaufsignal erfolgt, wenn der Indikator die Nulllinie von unten nach oben schneidet. Dies bedeutet, dass der zeitlich kürzere GD den längerfristigen überholt. Damit ist der durch den längeren GD definierte Trend von dem kürzeren GD bestätigt worden. Analog gilt die konträre Aussage.

Praxis-Tipp:

Die Verwendung von Indikatoren ist, wie bereits erwähnt, nur eines von mehreren Hilfsmitteln, um damit fundiertere Handelsentscheidungen treffen zu können. Es ist wichtig zu verstehen, dass die Aussagekraft dieser Indikatoren zutreffender wird, je länger Sie einen Zeitablauf betrachten. Je kürzer der Betrachtungszeitraum wird, zum Beispiel nur Stunden, Minuten oder gar Sekunden, desto ungenauer werden die Signale.

Aussagekraft der verschiedenen Charts

Wie Sie wissen, gibt es die verschiedensten Arten, den Kursverlauf von Aktien und Indizes darzustellen.

Der normale Aktieninteressent oder Anleger wird sich in aller Regel mit dem Linienchart begnügen. Der fortgeschrittene Trader bedient sich gerne des sogenannten Bar- oder Balkencharts. Hierbei bezeichnet das obere Ende des senkrechten Strichs den Höchstkurs und das untere Ende den Tiefstkurs. Der kleine waagrechte Strich auf der rechten Seite ist das Symbol für den Schlusskurs. Es ist auch möglich, den Open Kurs als waagrechten Strich auf der linken Seite darzustellen.

Im Laufe der Börsengeschichte haben sich verschiedene Arten von Charts herausgebildet, die, je nach dem genutzten Börseninstrument, ihre Bedeutung haben und in unterschiedlicher Art und Weise genutzt werden.

Die Wichtigsten sollen kurz genannt werden:

- Linienchart, als die übliche Form der Darstellung
- Balkenchart für den interessierten Trader
- Candlestick-Chart; dieser wird in aller Regel vom professionellen Trader verwendet, da er die höchste Aussagekraft hat

Aktuelle Wirtschaftsnachrichten

Diese Informationen halte ich für den Daytrader für unerlässlich und für eines der wichtigsten Hilfsmittel überhaupt.

Der Trader muss sich eine Meinung zum Marktgeschehen bilden, um eine grundsätzliche Richtung für seine Handelsentscheidungen zu haben. Daher sind sowohl alle fundierten Wirtschaftsnachrichten wichtig als auch die Trendeinschätzung der Börse durch die Analystenmeinungen. Obwohl diese mit ihren Einschätzungen und Prognosen auch oft daneben liegen, so haben sie doch Einfluss auf den Markt und damit auf das Marktgeschehen.

Beispiel:

Wenn bei Telekom, Münchner Rück und Deutsche Bank gleichzeitig gute Meldungen kommen und Kurssteigerungen zu erwarten sind, so wird aller Voraussicht nach auch der gesamte DAX-Index steigen. Der Grund liegt darin, dass die genannten Firmen im Index sehr hoch gewichtet sind und sie daher den Kurs insgesamt entsprechend nach oben ziehen.

Praxis-Tipp:

Da der Daytrader in aller Regel Kurzfristentscheidungen auf wenige Minuten oder Sekunden trifft, sind sogenannte „heiße Fakten und Informationen" für ihn fast lebenswichtig. Es wäre unklug, hierbei vordergründig Kosten einzusparen und auf einen Nachrichtenticker zu verzichten.

Verschiedene Handelstaktiken

8

Lernen mit einem Echtzeit-Simulationsprogramm

In einem Daytrading-Center arbeiten üblicherweise neue Trader anfangs nur mit einem Simulationsprogramm. Dieses Programm spiegelt in allen Einzelheiten die Praxis. Im Unterschied dazu werden die Trades jedoch nur fiktiv aufgezeichnet und berechnet. Dies alles funktioniert ohne die Eröffnung eines eigenen Kontos, also ohne jeglichen Geldeinsatz und damit ohne Risiko.

Gegenüber dem reinen Trockentraining, auf dem die einzelnen Positionen per Hand auf einem Zettel mitgeschrieben werden müssen, erledigt dieses System alles, genau wie in der Wirklichkeit. Es eignet sich perfekt dazu, angehenden Tradern die Funktion und die Schnelligkeit sowohl des Analysesystems als auch der Orderaufgabe zu vermitteln. Alle diese Tätigkeiten, ich nenne sie schematische Arbeiten, müssen in Fleisch und Blut übergehen und ohne Nachdenken ablaufen.

Praxis-Tipp:

Wenn Sie traden, können Sie sich mit diesen gleichen statischen Abläufen nicht aufhalten. Sie haben Wichtigeres im Kopf, nämlich Ihre Indikatoren, Daten und Parameter zu beobachten. Es sind der Chart und die eingehenden Nachrichten auszuwerten, die anderen wichtigen Märkte zu beobachten, um daraus Ihre Handelsentscheidung treffen zu können.

Mit diesem Trainingsprogramm kann der Interessent alle Tastenfunktionen trainieren, bis diese perfekt verstanden und Routine geworden sind. Weiterhin kann er alle im praktischen Einsatz wichtigen Funktionen simulieren und sich damit eine individuelle Handelsstrategie erarbeiten. Dies beginnt bereits damit, ob er seine Kauf- und Verkaufsorders mit der Maus setzt oder lieber mit den verschiedenen Tastenkombinationen arbeitet.

Gezielte Tradingtaktiken aus der Praxis

Elementar wichtig für langfristige Erfolge sind das Setzen und Verändern von Stopps. Jeder Daytrader sollte sich vor dem Eingehen eines neuen Trades eben für diesen eine Strategie überlegen und diese auch konsequent umsetzen und durchhalten.

Grundsätzlich sollten Long- oder Short-Positionen immer mit einem Stopp in die konträre Richtung abgedeckt werden. Wie viele Punkte dieser Stopp beinhalten sollte, ist sowohl von der Volatilität der Märkte wie auch von der Persönlichkeit des Traders und dem zur Verfügung stehenden Risikokapital abhängig!

Praxis-Tipp:

Die Volatilität ist beim DAX wesentlich höher als im EURO STOXX 50. Beim DAX würde ich 10 bis 15 Punkte empfehlen. Beim EURO STOXX und beim BUND-Future könnte der Stopp bei sechs bis acht Punkten gesetzt werden.

Zu beachten ist auch die jeweilige Tageszeit, zu der Sie traden. Die Kursrichtung beim DAX, der ja das Hauptinstrument für den Daytrader ist, hängt leider immer noch vom Verlauf der Leitbörsen in den USA ab. Daher ist in der Praxis sehr oft ein unterschiedlicher Handelsverlauf festzustellen.

Bis 15.30 Uhr hat der DAX ein gewisses Eigenleben, das auf die Stimmung und Nachrichtenlage in Deutschland beziehungsweise in Europa Bezug nimmt. Einflüsse aus dem vorausgegangen Handelstag fließen dabei mit ein, primär der Vortageshandel in den USA und das Ergebnis der Börsensitzungen in Asien.

Dann jedoch, um 15.30 Uhr, wenn die USA eröffnet, blicken alle Profis dorthin, genau wie das Kaninchen auf die Schlange, und schließen sich oft innerhalb von Minuten dem dort vorherrschenden Trend an. Dieses Phänomen ist immer wieder verblüffend. Sehr wichtig ist dabei der S&P 500 wegen dessen Marktbreite, der Dow Jones als weltweiter Leitindex und der Devisenkurs zwischen Dollar und Euro.

Achtung: Bevor man zu traden beginnt, hat man immer zwei grundsätzliche Überlegungen anzustellen und aufgrund der oben genannten Ausführungen seine Entscheidung zu treffen.

Zentrale Fragestellungen sind dabei:

- Wohin geht der Markt, sprich der DAX-Future, mittelfristig? Darunter verstehe ich einen Zeitraum von ein bis drei Tagen. Ist der Markt grundsätzlich bullish oder bearish? Sind Unsicherheiten im Markt infolge von Zinsängsten, anstehenden wichtigen Entscheidungen, und wie ist die Stimmung?
- Die nächste Frage ist, wohin bewegt sich der Markt in den nächsten fünf Minuten? Dies muss natürlich mit der vorherrschenden Grundstimmung nicht übereinstimmen. Da ich alles ja ohne Geld und Risiko simuliere, kann ich auch verschiedene Taktiken wählen.

Vor- und Nachteile beim Scalpen

Dabei versuche ich die Marktschwankungen mitzumachen, setze darauf, dass der Markt immer mehrere Punkte in eine Richtung läuft, dann umdreht und sich wieder mehrere Punkte in die neue Richtung bewegt. Ich gehe mit dem Markt, drehe die Position und folge diesen Marktbewegungen. Bei dieser Taktik muss ich mit sehr engen Stopps arbeiten. Ich versuche dabei, die kleinsten Kursbewegungen zu meinem Vorteil auszunutzen.

In der Praxis ist diese Taktik jedoch aus mehreren Gründen ein sehr schweres Unterfangen:

- Es erfordert höchste Anstrengung und Konzentration. Wenn der Markt sich jedoch entgegen meiner Einschätzung verhält, geht meine Rechnung nicht auf. Sehr oft werde ich auch ausgestoppt.
- Ein weiterer, sehr wichtiger Faktor bei dieser Taktik ist die hohe Belastung durch die Roundturn-Gebühren. Ein aktiver Scalper

bringt es leicht auf 100 Roundturns pro Tag. Rechnen Sie den Roundturn mit fünf Euro Gebühren und dies multipliziert mit 22 Arbeitstagen, so sind dies 11.000 Euro je Monat. Dies muss erst verdient werden! Bei dieser Taktik müssen Sie zumindest einen Punkt je Trade Plus erwirtschaften, weil ca. ein halber Punkt für die Gebühren zu zahlen ist.

- Der Scalper wird nie in der Lage sein, größere Trendbewegungen mitmachen zu können, da er immer kurzfristig seine Position glattstellt. Er muss je Trade mit einem sehr bescheidenen Gewinn zufrieden sein.

- Gerade den Anfänger fasziniert diese Technik besonders, da er der Meinung ist, dass gerade durch die Schnelligkeit der Orderaufgabe das Scalping eine leicht lösbare Aufgabe wäre. Dem ist leider nicht so! Sie gehen long, und der Markt geht in diesem Moment short. Nach vier Punkten stellen Sie glatt und gehen short. Wiederum nach Ihrer Order dreht der Markt, und Sie liegen wieder verkehrt und so weiter.

- Nehmen wir an, diese Taktik betreiben Sie realistisch in einem Zeitraum von ein bis zwei Stunden 30-mal und liegen dabei 20-mal verkehrt. Sie werden von Trade zu Trade nervöser, hektischer, zweifeln an sich und Ihrer Taktik, Sie beginnen zu schwitzen, weichen dann von Ihrer Taktik ab und setzen die Stopps höher, die Anspannung wird immer größer. Häufige Fehler sind dann die Verwechslung der Tasten für den Kauf und Verkauf, oder es wird die derzeitige Position vergessen und es bleibt noch ein Kontrakt offen, weil man vergisst, die Position zu schließen.

- Da das Ordersystem unheimlich schnell und flexibel ist, braucht man die Position nicht erst zu schließen und dann neu zu eröffnen, sondern man kann eine Short-Position mit zwei Long-Positionen schließen und ist gleichzeitig einen Kontrakt long. Dadurch spart man sich einen Arbeitsgang und damit Zeit.

Praxis-Tipp:

Diese Taktik des Scalping halte ich für den Privattrader auf längere Zeit nicht für Erfolg versprechend. Dazu müssten Sie ein institutioneller Anleger sein, der den Roundturn wesentlich günstiger erhält und der durch die größere Anzahl von Kontrakten auch Marktvorteile hat. Wenn Sie bereits längere Zeit Tradingerfahrung haben, können Sie Versuche dieser Art wagen. Ich empfehle jedoch, vorher ausführlich am Simulator zu üben, ohne Geld und Risiko.

Möglichkeiten beim Positionstrading

Als wesentlich Erfolg versprechender empfinde ich das Positionstrading. Dabei bin ich, je nach Marktverlauf, zwischen einigen Minuten und auch einer Stunde oder länger im Markt. Meine Taktik, die ich für den aktuellen Trade gewählt habe, sichere ich durch Stoppmarken ab.

Liege ich vom Trend her richtig, bin demnach im Gewinn, ziehe ich die Stoppmarke jeweils mit, da mich ansonsten das System auch im Gewinnfall ausstoppen würde und bei Erreichen der Stoppmarke verkauft.

Praxis-Tipp:

Durch diese Art der Taktik gelingt es mir öfter, auch größere und längere Trendbewegungen mitzumachen und damit höhere Gewinnpunkte zu erzielen. Gleichzeitig sichere ich mir dadurch einen Teil meiner Gewinne ab.

Sie sind auch als Daytrader nirgendwo gezwungen, täglich eine bestimmte Anzahl von Transaktionen zu tätigen. Zeigt Ihnen der Chartverlauf Möglichkeiten auf, müssen Sie diese schnell und beherzt nutzen. Zögern kostet hierbei Geld. Sehen Sie keine Einstiegssignale, so traden Sie überhaupt nicht oder nur sehr wenig. Sie können auch auf andere Märkte springen, wie den EURO STOXX 50, BUND-Future oder die bereits genannten USA-Indizes.

Achtung: Ein längeres Verbleiben im Markt darf Sie jedoch nicht in Sicherheit wiegen oder Ihre Aufmerksamkeit untergraben. Sie müssen die Märkte immer im Blickfeld haben, um reagieren zu können. Auch hierbei müssen Sie sich eine Abwesenheit vom Arbeitsplatz verkneifen.

Over-Night-Trading

Wie bereits vorher erwähnt, sind die Taktiken beim Scalpen und Positionstrading entweder auf extrem kurze Verweilzeiten im Markt oder auch auf längere, teilweise auch Stunden andauernde Haltepositionen ausgelegt.

Bei der taktischen Variante des Over-Night-Tradings wird die Position auch über Nacht gehalten. Dies stellt eine sehr risikoreiche Entscheidung mit oft folgenschweren Konsequenzen dar. Eine über Nacht oder auch über das Wochenende gehaltene Position im Markt, egal ob diese long oder short ist, können Sie nicht mehr beeinflussen. Dies bedeutet, dass Sie dem Börsengeschehen tatsächlich hilflos ausgeliefert sind.

Achtung: Sie müssen wissen und tatsächlich auch begreifen, dass Sie der gesamten Nachrichtenlage und damit dem Weltgeschehen hilflos ausgeliefert sind. Ein gesetzter Stopp hilft Ihnen hierbei nicht, da dieser ignoriert wird.

Beispiel:

Stellen Sie sich folgende Situation vor:

Sie sind über Nacht mit einem Kontrakt short, weil der Markt sowohl den aktuellen Tag wie auch die letzten Tage fortlaufend schwach war. Verunsicherung herrschte vor, und in der Tendenz haben die Pessimisten die Oberhand.

Mir ist selbst ein solcher Fall passiert: Es wurde nach Börsenschluss verkündet, dass der bisherige Finanzminister mit sofortiger Wirkung zurücktritt. Was geschieht nun?

Über Nacht steigt der Kurs des DAX um 300 Punkte an, und Sie haben die verkehrte Position im Markt. Damit würden Sie 7.500 Euro verlieren. Wenn dadurch Ihr Konto unter eine bestimmte Marke fällt, erhalten Sie noch einen sogenannten Margin-Call. Dies bedeutet, dass Sie kurzfristig eine Einzahlung auf Ihr Konto leisten müssen, ansonsten wird Ihr Konto gesperrt, oder sämtliche Positionen werden zwangsverkauft.

Sie können auch den umgekehrten Fall nehmen, dass Sie eine Long-Position halten, auf einen steigenden DAX setzen, und es kommen entsprechend negative Meldungen wie ein Kriegsausbruch, die Absetzung einer Regierung, Skandale in Washington oder nur eine sehr negative Börsennachricht aus den USA. Dadurch fällt der Kurs massiv, und Ihr Verlust tritt ebenfalls ein.

Praxis-Tipp:

- Grundsätzlich ist von einer Over-Night-Position dringend abzuraten. Das Daytrading, wenn es richtig verstanden wird, soll ja gerade durch die kurzen Zeitintervalle und durch die Stückelung des Kapitals in viele, vom Einsatzkapital her betrachtet, geringe Einzelsummen zu einer Risikominimierung führen.
- Damit würden Sie das gesamte System unterlaufen und sich einer sehr hohen Verlustgefahr aussetzen, die Sie leider nicht beeinflussen können.

Jedoch keine Regel ohne Ausnahme!

Wenn Sie von Ihrer Kapitalausstattung, von Ihrer Erfahrung, Persönlichkeit und Nervenstärke her meinen, dafür auch geeignet zu sein, dann könnten Sie in begründeten Ausnahmefällen auch einmal eine solche Position, jedoch mit der kleinsten Kontraktanzahl, halten oder eingehen.

Zu den oben genannten Voraussetzungen müssen Sie die Märkte und die Marktstimmung sehr gut und zuverlässig einschätzen können. Sie haben neben dem Börsentag in Deutschland, der bis 17.30 Uhr dauert, genau zwei Stunden Zeit, sich ein Bild über die USA-Märkte zu machen. Diese eröffnen um 15.30 Uhr. Bedenken müssen Sie dabei jedoch, dass dort die Börse noch sechseinhalb Stunden geöffnet hat und dass dort die oftmals größten Kursbewegungen über elektronische Kauf- oder Verkaufsprogramme abgewickelt werden, wenn bestimmte Kursorders erreicht werden.

Es wäre natürlich schön und finanziell verlockend, ein Gap bei Börsenbeginn sozusagen „mitnehmen" zu können.

Mit unserer Technik sind wir in der Lage, eine Over-Night-Position zu simulieren und damit berechenbar zu machen. Wäre ein Trader während der letzten Monate grundsätzlich jeden Tag eine solche Position in der vorherrschenden Richtung eingegangen, so hätte dies keine nennenswerten Vorteile gebracht, sondern lediglich höchste Nervenbelastung und Stress!

Achtung: Lassen Sie es mich noch einmal deutlich sagen: Over-Night-Trading ist mehr oder weniger ein Glücksspiel, und es muss auf wirklich geeignete Einzeltage beschränkt werden.

Daytrading in der Praxis

9

Vorbereitung

Nachfolgend möchte ich die Erfahrungen und Erlebnisse eines Daytraders aus dem Alltag beschreiben, um damit weiteren Tradern Hilfestellung für die Praxis zu vermitteln. Dieser Part kommt nach meiner Einschätzung in der Literatur viel zu kurz, obwohl er doch mit Abstand „der Wichtigste" ist.

Theoretische Abhandlungen, Ratschläge, Vorsätze und Strategien sind zwar schön und gut, die Wahrheit zeigt sich jedoch allein in der Praxis, unter Stress und bei eigenem Geldeinsatz. Jeder Fehler macht sich sofort am Kontostand bemerkbar und verstärkt daher den Druck.

Ihre Hausaufgaben für das Wochenende:

- den Börsenverlauf vom vorausgegangenen Freitag noch einmal nacharbeiten
- den DAX-Future live über viele Stunden selbst beobachten und zu Hause auswerten
- desgleichen die wichtigen Indizes wie den EURO STOXX 50, Dow Jones, NASDAQ und den S&P 500
- über das Wochenende 3-Sat-Börse und Telebörse bei ntv anschauen; einige Börsenzeitungen durcharbeiten, um die allgemeine Stimmungslage besser erfassen zu können

Haben Sie dies alles erledigt, sind Sie gut vorbereitet für einen neuen Handelstag!

Ein neuer Tag beginnt

Es ist Dienstag, der 08.08.2006

Ich setze mich morgens um 7.30 Uhr vor meinen Börsenarbeitsplatz. Als Erstes studiere ich die börsenrelevanten Ereignisse der vergangenen Nacht. Die entscheidenden Fragen, welche sich mir stellen, lauten:

- Was ist gestern nach Börsenschluss in Deutschland und an den weltweiten Leitbörsen in den USA gelaufen?
- Sind wichtige Neuigkeiten oder Informationen im Markt, die ich unbedingt wissen muss?
- Mit welcher Punktzahl haben die wichtigsten Börsen geschlossen?
- Mit welcher absoluten Prozentzahl an Gewinn oder Verlust haben die jeweiligen Börsen ihren Handel beendet?
- Welche Branchen oder Segmente haben performt und wer waren die höchsten Tagesverlierer?
- Wie sind in den letzten Stunden die Kurse in Asien gelaufen (Hang-Seng, Nikkei)?
- Sind von dort aktuelle Impulse zu vermelden, die auch unsere deutschen Indizes beeinflussen?
- Wie schätzen führende Analysten die Eröffnung beziehungsweise die Tagestendenz bei uns in Deutschland ein?

Zu diesem Zweck hole ich mir den Nachrichtenticker auf den Bildschirm. Dort sehe ich in übersichtlicher und komprimierter Form alle wichtigen, börsenrelevanten Informationen, nach denen ich meine Tagesaktivitäten plane. Würde ich diese Arbeit einsparen, müsste ich mich selbst im Innersten als einen „Zocker" bezeichnen, da ich ansonsten quasi im Blindflug versuchen würde, im schier undurchdringlichen Börsendschungel Start- und Landeplätze zu finden. Da dies sehr oft zu Bruchlandungen oder gar zum totalen Crash führen könnte, bin ich gut beraten, meine täglichen „Hausaufgaben" gewissenhaft zu erledigen.

Wichtig: Da es für den Anfänger relativ schwer sein wird, wirklich wichtige, kursrelevante Nachrichten von nachrangigen zu unterscheiden, habe ich am Ende dieses Kapitels eine hilfreiche Auflistung beigefügt. Diese unterscheidet nach Prioritäten von A-C, wobei A-Meldungen die höchste Bedeutung haben. Darauf reagieren die Börsen oftmals innerhalb weniger Sekunden! Daher aufgepasst!

Heute steht eine weitere Zinsentscheidung der FED (US-Notenbank) an. Es wird jedoch von führenden Börsenprofis mit keiner Zinserhöhung gerechnet, da dies ansonsten die siebzehnte Erhöhung in Folge, auf jetzt 5,25 Prozent Leitzinsen, wäre. Auch hier müssen die Märkte verschnaufen können und eine eigene Robustheit entwickeln. Meine Meinung dazu ist, dass dieses Anziehen der Zinsschraube immer mehr an Bedeutung verliert, sei es, weil viele Unternehmen durch das Ratingsystem nur mehr schwer an neue Kredite kommen oder zwischenzeitlich andere, internationale Refinanzierungsmodelle zur Verfügung stehen! Ansonsten stehen heute keine wichtigen Meldungen auf dem Tagesplan, mit Ausnahme der Vierteljahreszahlen von Cisco.

Die Wallstreet hatte knapp behauptet geschlossen, da Ängste vorhanden waren, der wiederum gestiegene Ölpreis könnte die Ausgaben der Verbraucher bremsen. Die Zahlen waren wie folgt:

Dow Jones	11.219 Punkte	– 0,2 Prozent
S & P 500	1.276 Punkte	– 0,3 Prozent
Nasdaq	2.073 Punkte	– 0,6 Prozent

Die Futures jedoch haben im Gegenzug leicht zugelegt. Der Grund war die Schließung eines bedeutenden Ölfeldes durch die BP in

Nordalaska. Außerdem war eine merkliche Kaufzurückhaltung im Vorfeld der Zinsentscheidung seitens der Notenbank feststellbar.

S & P Future	1.285 Punkte	+ 0,2 Prozent
Nasdaq F	1.505 Punkte	+ 0,2 Prozent
Nikkei	15.335 Punkte	+ 1,2 Prozent
Hang-Seng	17.002 Punkte	+ 0,3 Prozent

Es ist genau 8.00 Uhr und der Handel im DAX-Future beginnt.

Der DAX-Future eröffnete mit einem sogenannten „positiven Gap", einer Kurslücke von etwa 35 Punkten. Dies bedeutet, dass nach Börsenschluss in Deutschland doch noch gute Umsätze in Bezug auf unsere Börsen in den USA getätigt wurden und daher der erste Kurs des neuen Tages entsprechend „hoch" gesetzt wurde.

Wie bereits an anderer Stelle erwähnt, sollten Sie vor allem als Neueinsteiger die erste Börsenstunde meiden, da dort überwiegend „Over-night" Positionen glattgestellt werden. Gewinner werden versuchen, schnell Kasse zu machen, um ihre Gewinne in Sicherheit zu bringen, wo hingegen die Verlierer alles daran setzen, eine Schadensbegrenzung zu erreichen. Aus diesem Grund ist der Markt nur schwer einschätzbar.

Praxis-Tipp:

Daher warten Sie bitte ab, bis sich diese „Spielchen" erledigt haben (etwa 30 Minuten bis eine Stunde). Dann ist der Weg frei, um in die von Ihnen prognostizierte Tagesrichtung zu traden.

Ich warte einige Zeit ab, jedoch sehe ich kein Einstiegssignal, welches für mich signifikant ist. Es ist oftmals so, dass vor wichtigen Zahlen, wie sie heute Abend aus den USA erwartet werden, die Börse richtungslos ist. Viele private wie auch institutionelle Trader warten auf ein Zeichen, wohin die Reise kurzfristig gehen könnte.

Wichtig: Nur zu traden, weil Sie jetzt vor dem PC sitzen, sich gerne die Langeweile vertreiben möchten oder weil Sie die Gier nach sofortigen Gewinnen übermannt, sollten Sie unbedingt vermeiden. Für Sie ist nur eine Sache entscheidend, nach vorher klar festgelegten Regeln ein zuverlässiges Einstiegssignal zu suchen und erst dann den Trade zu wagen.

Da ich meinen weiteren Tagesablauf anderweitig verplant habe, beende ich meine Tätigkeit ohne Groll. Auch dies sind Verhaltensweisen, die Sie lernen sollten!

Montag, der 14.08.2006

Als Eröffnungskurs wurden 5.684 Punkte festgelegt. Dies bedeutet ein positives Gap von 38,5 Punkten gegenüber dem Schlusskurs vom Freitag.

Bereits die erste Kerze prägte ein hohes Volumen von 19 Punkten aus, was für die ersten fünf Minuten eine große Bandbreite darstellt. Im Anschluss daran gingen die Kurse für längere Zeit in eine unauffällige Seitwärtsbewegung über. Danach fand ein Abwärtstrend über sechs Kerzen statt, den ich jedoch ignorierte. Daran schloss sich ein Candlestick in der Ausprägung eines Hanging Man an, der meine Aufmerksamkeit fand. Diese Konstellation könnte ein Zeichen einer Trendumkehr darstellen. Die folgende Kerze war steigend, demnach eine Bestätigung, und Mitte der nächsten Long Kerze erfolgte der Einstieg bei 5.686 Punkten in eine Long Position. Meinen maschinellen Absicherungsstopp setzte ich zwölf Punkte tiefer, bei 5.674.

Mit ein Ausgangspunkt für dieses Einstiegssignal war es auch, dass über den Ticker die Nachricht kam, dass die Konjunkturzahlen aus der Euro-Zone das stärkste Quartalswachstum seit 02/2002 verkündeten! Der Kurs kletterte weiter in meine Richtung, und bei 5.692 zog ich den Stopp auf 5.682 nach. Beim nächsten Hoch von 5.698 passte ich den Stopp bei 5.690 an. Der Anstieg setzte sich weiter fort bis 5.701. Stopp bei 5.695. Um 11.00 Uhr prägte sich die Kerze bei 5.702 als Shooting Star aus, was in aller Regel als ein bearishes Zeichen zu werten ist und welches nach einem Aufwärtstrend ein Warnsignal darstellt. Die nächste Kerze, ein Doji (Eröffnungs- und Schlusskurs der Periode sind identisch), ist ebenfalls eindeutig ein Trendumkehrsignal. Und wie es kommen musste, wurde ich in der nächsten fünf-Minuten-Periode bei 5.695 Punkten ausgestoppt. Kein Beinbruch, denn immerhin sind neun Punkte verdient.

Praxis-Tipp:

Sie haben bemerkt, dass ich anfangs einen Spielraum von zwölf Punkten vorgegeben habe. Im Zuge des Handels habe ich diese Range verkürzt, bis zuletzt nur noch auf sechs Punkte. Dieser Taktik lagen zwei Überlegungen zu Grunde:

1. Ich war von der Stärke des Trends nicht mehr überzeugt (entsprechende Signale konnte ich auch dem RSI entnehmen).
2. Es war meine Absicht, aus diesem Trade einen akzeptablen Profit zu ziehen.

Um 11.40 Uhr eröffne ich erneut eine Long Position, Mitte der dritten bullishen Kerze bei 5.698 Punkten. Absicherungsstopp bei 5.686. Der Kurs entwickelt sich in meine Richtung. Bei 5.703 ziehe ich den Stopp auf 5.693 nach. Es ist ein starkes Volumen feststellbar, welches oftmals eine zusätzliche Bestätigung für einen „tatsächlichen Trend" darstellt, da viele Marktteilnehmer von der aktuellen Kursrichtung überzeugt sind. Der Future steigt in der Spitze bis 5.707. Es erfolgt jedoch ein sofortiges Nachgeben auf wiederum 5.703. Ein sich ausprägender Shooting Star signalisiert mir Gefahr, ich ignoriere dieses Zeichen jedoch. Die nächste Kerze hat nur einen kleinen Kerzenkörper mit langen Schatten, ebenfalls ein Signal, dass der Markt unschlüssig ist. Die nächste Kerze steigt leicht, kommt sofort wieder zurück und bildet einen Doji aus. Jetzt schlagen die Alarmglocken, und es ist höchste Vorsicht geboten. Ich setze meinen Stopp sehr eng auf 5.698 Punkte, demnach nur mehr fünf Punkte Spielraum. Die folgende Short Kerze geht bis 5.696 Punkte und stoppt mich aus. Fazit: Ein neutraler Trade, weder Fisch noch Fleisch.

Wichtig: Versuchen Sie bitte unter allen Umständen zu vermeiden, dass Sie, falls Sie bereits in einem Trade erfolgreich sind und bereits zehn Punkte oder mehr verdient haben, diese und Ihren Einsatz von zwölf Punkten in den Verlust führen. Ziehen Sie die Reißleine beim Einstiegskurs, ansonsten schmerzt Sie der Verlust doppelt! Ausgeglichene Trades haben noch keinen Börsianer arm gemacht, im Gegenteil, Sie haben quasi umsonst Erfahrungen gesammelt und diese sind als kostbar und ernorm wichtig zu bewerten.

Es geht weiter. Die Kurse bewegen sich nun in einer Seitwärtsrange, innerhalb einer Bandbreite zwischen 5.684 und 5.697 Punkten. Dies entspricht nur 13 Punkten, viel zu wenig, um ein Swingtrading zu betreiben. Dafür benötigen Sie im DAX-Future nach meinen Erfahrungen eine Range von mindestens 25 Punkten!

Um 17.00 Uhr wird die oben genannte Range durch die vierte bullishe Kerze in Folge durchbrochen und damit auch der starke Widerstand der 5.700er Marke.

Nach dem signifikanten Durchbruch gehe ich bei 5.704 abermals Long. Absicherung bei 5.692. Die nächste Kerze steigt bis 5.714. Den Stopp setze ich bei 5.705. Der Kurs steigt leider nicht mehr, sondern bewegt sich wiederum seitwärts. Weitere 20 Minuten oder vier Kerzen später stoppt es mich aus. Jedoch ein Punkt Gewinn, meine Performance wird scheinbar besser.

Neuer Tag, neues Glück

Dienstag, der 15.08.2006

Die Zahlen im DAX-Future:

Schlusskurs 5.670 Punkte

Erster Kurs 5.680 Punkte

Dies bedeutet ein positives Gap von zehn Punkten. Bei wichtigen Nachrichten werden heute um 14.30 Uhr die Zahlen aus den USA zu den Erzeugerpreisen Juli und zum US Empire State Manufacturing Index August erwartet. Ansonsten stehen keine wichtigen Zahlen der Priorität A auf der Tagesvorschau.

Internationale Zahlen:

Dow Jones	11.098 Punkte	+ 0,1 Prozent
S&P Future	1.274 Punkte	+ 0,1 Prozent
Nasdaq Future	1.503 Punkte	+ 0,2 Prozent
Nikkei	15.837 Punkte	– 0,1 Prozent
Hang Seng	17.284 Punkte	0,0 Prozent

Sie sehen, es ist keine bestimmte Börsentendenz feststellbar und es sind auch keine besonderen Anzeichen für einen aufregenden Börsentag in Deutschland zu erkennen. Auch die anstehenden Meldungen aus den Terminen der Tagesvorschau eröffnen keine zusätzlichen Hoffnungen.

Wie es oftmals so ist, wenn keine eindeutigen Vorgaben aus den USA kommen oder es an wichtigen News fehlt, dümpeln die Kurse in einer Seitwärtsbewegung dahin. Es hat sich eine Range in der Bandbreite zwischen 5.680 und 5.695 Punkten gebildet. Keine Chance eines Einstiegs. Auch die Indikatoren wie der RSI, Stochastik, Momentum oder der MACD zeigen keine Signale an. Daher ist abwarten angesagt. Dieses Procedere geht so weiter bis etwa 14.00 Uhr.

Das Chartbild ist für den erfahrenen Trader eindeutig. Keiner der institutionellen Anleger und auch nur wenige Privattrader möchten so kurz vor der Nachrichtenlage um 14.30 Uhr eine Position eröffnen. Sie wüssten auch nicht, in welche Richtung, denn es fehlt an jeglicher Vorgabe. Erst durch die Mitteilung der US-Zahlen und deren Interpretation kann der Börse wieder Leben eingehaucht werden.

Die veröffentlichte Prognose der anstehenden Zahlen sieht wie folgt aus:

US Erzeugerpreise Juli 2006	+ 0,4 Prozent gegenüber dem Vormonat
US Erzeugerpreise Juli 2006 ex Nahrung/Energie	+ 0,2 Prozent gegenüber dem Vormonat
US Empire State Manufacturing Index August	+ 14,0 Punkte

Um 14.15 Uhr wird die Widerstandslinie von 5.700 Punkten wieder durchbrochen. Sie sehen, ein wiederholter Anlauf. Diese Long Kerze geht über zwölf Punkte bis 5.710 und wird von einem signifikanten Anstieg des Handelsvolumens begleitet.

Es stellen sich mir sofort folgende Fragen:

- Sind bereits zum jetzigen Zeitpunkt viele Marktteilnehmer davon überzeugt, dass in wenigen Minuten gute Zahlen vermeldet werden?
- Möchte sich ein Teil der Börsianer vielleicht nur einen guten Einstiegskurs sichern?
- Handelt es sich bei diesem Teil der Trader um reine „Spekulanten oder Hasardeure"?
- Oder wissen diese Trader zehn Minuten vor Veröffentlichung der Zahlen bereits mehr als ich?
- Unter Umständen wird auch nur auf eine Vermutung hin spekuliert, mit dem Finger auf der Verkaufstaste, falls man doch die falsche Richtung gewählt hätte?

Ich schalte nun mein Chartbild von fünf auf drei Minuten und danach auf einen Intervall von einer Minute um. Der Grund hierfür ist, dass ich jetzt richtig Action erwarte.

Genau um 14.30 Uhr kommt die Nachricht, dass die Zahlen wesentlich besser als erwartet ausgefallen sind: Die US Erzeugerpreise stiegen nur um 0,1 Prozent anstatt um 0,4 Prozent, die US Erzeugerpreise ex Nahrung/Energie sanken um 0,3 Prozent statt des erwarteten Anstiegs von 0,2 Prozent und der US Empire State Manufacturing Index August legte nur um 10,34 Punkte zu anstatt um 14,0 Punkte.

Dies sind ausgezeichnete Zahlen, weil sie auf ein normales Tempo der amerikanischen Wirtschaft hinweisen und vor allem, weil Inflationsängste aus dem Markt sind und sich auch der Druck auf die US Notenbank bezüglich kurzfristiger Zinserhöhungen wesentlich vermindert hat.

Nun steige ich bei 5.724 Punkten Long ein. Absicherungsstopp bei 5.712. Der Kurs schnellt fast senkrecht nach oben. Bei 5.740 ziehe ich den Stopp auf 5.730. Der Kurs steigt auf 5.750. Stopp angepasst auf 5.742. Weiter geht die Rally bis 5.760. Stopp nach auf 5.750. Weiterer Anstieg auf 5.766. Ich komme gar nicht dazu, den Stopp so schnell nachzuziehen und anzupassen. Ich bin vom Trend beziehungsweise der guten Nachricht so überzeugt, dass ich den Stopp auf 5.754 stelle und damit wie anfangs zwölf Punkte Spielraum gebe. Sollte es mich auf dieser Marke ausstoppen, hätte ich 30 Punkte verdient. Was soll's. Für drei Minuten ist dies ja kein schlechter Verdienst, oder?

Der Future steigt in der Spitze bis 5.770, kommt jedoch in Sekundenschnelle wieder in den Bereich von 5.762 zurück und geht seitwärts. Erste Gewinnmitnahmen erfolgen. Dies sehe ich an zwei Shortkerzen, die im Abstand von jeweils einer Minute erscheinen. Der Kurs fällt bis 5.756 Punkte, mein Stopp hält jedoch. Mit der nächsten Kerze steigt der Kurs wieder um drei Punkte. Auch die folgende Kerze ist Long und der Kurs steht wieder bei beruhigenden 5.762 Punkten. Die dritte bullishe Kerze in Folge erreicht einen

Stand von 5.771 Punkten. Es ist an der Zeit für mich, nun wieder meinen Stopp anzupassen und auf 5.760 zu setzen, um damit weitere Punkte in Sicherheit zu bringen.

Erst jetzt kann ich verschnaufen, da alles Wichtige getan ist. Ich sehe auf die Uhr. Es ist gerade 14.38 Uhr. Seit Beginn dieses Trades sind erst acht Minuten vergangen. Ich habe kein Zeitgefühl entwickelt, da Stress pur angesagt war. Nun kann ich mich zurücklehnen, den Nachrichtenticker verfolgen und die anderen Börsen beobachten (EURO STOXX 50, den BUND-Future und die Vorbörse in den USA). Der Kurs bewegt sich seitwärts innerhalb einer relativ kleinen Bandbreite.

Um 14.49 Uhr kommt ein weiterer Ausschlag nach oben, der eine Minute später den Kurs auf 5.780 bringt. Stopp anpassen auf 5.768 und abwarten getreu der Börsenweisheit: „Der Trend ist dein Freund!"

Nun gilt es abzuwarten und meine weiteren Parameter (Indikatoren) zu beobachten. Es vergehen fast zwei Stunden und nichts passiert. Der Kurs bleibt innerhalb der genannten Range ohne größere Bewegungen nach oben oder unten. Ich überlege mehrmals, die Position zu liquidieren und den Gewinn zu realisieren, kann mich jedoch nicht dazu entschließen, da ich hoffe, dass doch noch, aufgrund der guten Zahlen, ein erneuter Ausbruch nach oben erfolgt.

Es ist 16.31 Uhr und der Future durchbricht den Widerstand bei 5.780. Um 16.44 Uhr knackt der Kurs die Hürde von 5.800 Punkten. Stopp bei 5.788. Der DAX kämpft weiter mit der 800er Marke, kann diese jedoch nicht durchbrechen und prallt ab. Die Kurse gehen seitwärts und dann erfolgen Gewinnmitnahmen, die den Future auf 5.791 drücken. Kurz nach 17.00 Uhr glückt nochmals ein Durchbruch bis 5.808. Ich setze den Stopp auf 5.796 und warte ab. Meine Position möchte ich nicht von mir aus schließen, denn diesen Trade verlasse ich nicht freiwillig, dazu war er zu gut. Die Entscheidung wird mir um 17.24 Uhr abgenommen, denn da werde ich ausgestoppt. Kein Wehklagen meinerseits, denn dies war ein exorbitant guter Trade und einer der sehr wenigen im heutigen Börsengeschehen, der sich über eine solch lange Zeitdauer erstreckte.

Fazit: Arbeitszeit zwei Stunden und 54 Minuten. Ergebnis 72 Punkte.

Praxis-Tipp:

Seien Sie bitte in solchen Situationen (kurz vor wichtigen News) vorsichtig. Warten Sie eine Bestätigung der Nachrichten und damit die möglichen Entwicklungen der Börsenkurse ab. Mit dieser Taktik verzichten Sie zwar im Einzelfall auf einige Punkte, jedoch in der Summierung der erfolgreichen Trades liegen Sie wesentlich häufiger richtig. Dies tut sowohl Ihrer Psyche als auch Ihrem Selbstvertrauen und nicht zuletzt Ihrem Geldbeutel gut!

Wichtiger Hinweis in eigener Sache:

Sie dürfen nicht meinen, dass ein solcher Trade an der Tagesordnung ist oder dass ich immer oder fast immer nur Gewinne mache. Jeder aktive Trader und selbstverständlich auch ich, bekommt regelmäßig seine Abreibungen in Form von Verlusttrades zu spüren. Wichtig ist nur, dass in der Summierung (ein Monat, Quartal oder auf Jahressicht), die positiven Trades überwiegen, sowohl in der Anzahl als auch im absoluten Ergebnis.

Außerdem müssen Sie zur Vermeidung zu hoher Verluste oder, noch schlimmer, eines persönlichen Börsengaus, in jedem Fall Ihren vorher definierten, maschinellen Absicherungsstopp setzen (z.B. beim DAX-Future im Abstand von zwölf Punkten zu Ihrem Einstiegskurs, beim EURO-STOXX 50-Future bei acht Punkten und beim BUND-Future bei etwa sechs Hundertstel Punkten).

Praxis-Tipp:

Der Absicherungsstopp ist der einzig sichere Airbag, der Sie zuverlässig schützt und mit dessen Hilfe Sie Ihren vorher erarbeiteten Tradingplan in die Praxis umsetzen können.

Einteilung anstehender Börsennachrichten/Top-News

Zu Ihrem Nutzen und Vorteil habe ich versucht, innerhalb der großen Zahl eingehender Börsennachrichten eine Abstufung nach Wichtigkeit und Bedeutung für das Daytrading zu finden, ohne dass diese Aufstellung den Anspruch auf Vollständigkeit erhebt:

Priorität A

- US Zinsentscheidung
- US ISM Index verarbeitendes Gewerbe
- US ISM Index nicht verarbeitendes Gewerbe
- US Auftragseingänge
- US Index des Verbrauchervertrauens
- US Arbeitsmarktdaten
- US Lagerbestände
- US Einzelhandelsumsatz
- US Erzeugerpreise
- US Haushaltssaldo
- US Zahlen zum BIP Bruttoinlandsprodukt
- US Index Einkaufsmanager Chicago
- US Empire State Manufacturing Index
- US Erstanträge auf Arbeitslosenhilfe
- EZB Zinsentscheidung
- EU Verbraucherpreise Eurozone

- IFO-Geschäftsklimaindex für Deutschland
- DE Arbeitsmarktzahlen

Priorität B

- EU Einkaufsmanagerindex
- EU Einzelhandelsumsatz
- EU Arbeitsmarktdaten
- US Produktivitätszahlen
- US Industrieproduktion und Kapazitätsauslastung
- EU Geschäftsklimaindex
- US Frühindikatoren

Priorität C

- US Import-Exportpreise
- US Bauausgaben
- US Verkauf bestehender Häuser
- EU Erzeugerpreise
- DE Einkaufsmanagerindex
- DE Einzelhandelsumsatz
- DE Auftragseingang
- DE Bruttoinlandsprodukt

Praxis-Tipp:

Diese Daten können Sie nicht isoliert sehen, da sie allein für sich auch nicht die absolute Aussagekraft aufweisen. Die Zahlen müssen im Zusammenhang mit der vorherrschenden Marktstimmung, dem Sentiment, daraufhin bewertet werden, ob sie dieses verstärken, ändern oder ob sie nur im Rahmen der Erwartungen ausgefallen sind.

Beispiel:

Sie wissen aufgrund Ihres Nachrichtentickers in der Vorschau bereits, welche wichtigen Wirtschaftszahlen am heutigen Tag, morgen oder im Laufe der Woche und zu welcherUhrzeit veröffentlicht werden. Dies bedeutet, dass Sie Ihr Trading vom zeitlichen Ablauf her relativ genau planen können. Genau fünf Minuten vor Bekanntgabe der erwarteten Zahlen erhalten Sie im Regelfall eine „Prognose" führender Analysten, welches Ergebnis prognostiziert wird. Diese 300 Sekunden könnten für Sie entscheidend werden. Sie legen Ihre Strategie fest, je nachdem, wie die Zahlen ausfallen!

Sind diese positiver als erwartet, wird eine Long-Position angeraten sein. Bei schlechten Nachrichten erfolgt ein genau konträres Verhalten. Zahlen, die genau im Rahmen der Erwartungen liegen, können Sie mit neutral bewerten. Hier gilt es abzuwarten, ob sie eine Kursrelevanz nach sich ziehen.

Nun kommt die erwartete Wirtschaftszahl über die Ticker.

Überlegung 1: Sie sind nun gefordert, diese Daten schnellstens zu analysieren, sich eine Meinung zu bilden, den Markt sowie die Kursrelevanz zu verfolgen und eine Tradingentscheidung zu treffen.

Überlegung 2: Noch wichtiger ist, wie die Mehrzahl der Börsianer im jetzigen Zeitpunkt diese Zahlen interpretieren könnte.

Dieses Verhalten bewegt nämlich die Kurse und nicht Ihre persönliche Entscheidung mit nur einem oder in der Summe wenigen Kontrakten, denn damit sind Sie zu schwach, um dem Markt eine bestimmte Richtung geben zu können. Sich in die Situation und die Gedanken der weiteren Marktteilnehmer versetzen zu können, ist die Kunst, die Ihnen zusätzliche Gewinne verschafft.

Wichtig: Es gibt immer Börsianer, die bereits kurz vor Veröffentlichung der Zahlen mit höchstem Risiko eine Position eröffnen. Dieses Vorgehen rate ich Ihnen nicht an. Warten Sie die Nachricht ab, analysieren Sie die Entwicklung des Kurses aufgrund der Daten und treffen Sie erst dann Ihre Tradingentscheidung. Damit sparen Sie Geld und Nerven.

DAX-Future oder BUND-Future: Mit welchem Index starte ich?

Tradingalternativen: DAX-Future

- Umsatzvolumen täglich ca. 80.000 Kontrakte
- Marginhöhe je Kontrakt derzeit ca. 7.000 Euro (verändert sich öfter je nach Höhe und Volatilität)
- Punktwert jeweils 25 Euro
- der Kontraktwert beträgt Punktestand x 25 Euro, derzeit 3.665 x 25 = 91.625 Euro
- höchste Volatilität
- größte Gefahr/höchste Chancen
- sehr schnelle und große Marktbewegungen
- rasanter Handel ab 15.30 Uhr (USA)
- Überforderung von Anfängern

- zu schnelle Marktbewegungen
- Zeitprobleme beim Setzen von Stopps
- analog beim Nachziehen und Anpassen von dynamischen Stopps
- Wählen der richtigen Stoppmarke (Absicherung bei 12–20 Punkten)
- große Gefahr des Ausstoppens (20 Punkte-Stopp sind 500 Euro/bei nur einem Kontrakt)
- höchste Anspannung/Nervosität
- sehr schnell kommen Ängste hoch und beeinträchtigen ein überlegtes Trading
- Probleme in der Ausformung der Candlesticks (lange Kerzen, langer Docht oder Lunte stoppt Sie sekundenschnell aus, anschließend geht der Kurs in Ihre Richtung, jedoch dann oftmals ohne Sie!)
- durch viele Privattrader unberechenbares Marktverhalten (Sentiment wird oftmals vernachlässigt)
- Tradingverhalten hat sich massiv verändert (bei wenigen Punkten Gewinn wird sofort Kasse gemacht)
- lange Tradingläufe/Trends mit 50–100 Punkten Gewinn sind trotz großer Stopps (12–20 Punkte) nicht mehr möglich
- schneller und kleiner Gewinn, Geld abziehen und auf neues Einstiegssignal hoffen
- Positionstrading wird daher immer schwieriger
- Scalping aufgrund der Gebühren und des Marktverhaltens nicht zu empfehlen
- zu viele „Zocker“ springen vor wichtigen Nachrichten bereits in die vermutete Richtung auf (falls richtige Richtung: sofort Kasse, wenn falsch: Ausstieg als Schadensbegrenzung)

Markteinstieg: BUND-Future

- Umsatzvolumen täglich ca. 600.000 Kontrakte
- Marginhöhe je Kontrakt nur 1.000 Euro
- daher könnten im Verhältnis zum DAX 7 Kontrakte/Lots gehandelt werden
- der Tickwert ist 1/100 und hat einen Wert von zehn Euro
- bei gleichem Einsatz beträgt daher der Tickwert 70 Euro
- der Kontraktwert beträgt 100.000 Euro (sieben Kontrakte = 700.000 Euro)
- dadurch wesentlich größerer Hebel als im DAX
- relativ geringe Volatilität (wird in Hundertstel Punkten berechnet)
- weniger Gefahr bei doch hohen Chancen
- kontinuierliche und langsamere Marktbewegungen
- ideales Trainingsfeld für Einsteiger
- starke Referenz zum DAX und Dow-Jones (häufig mit konträren Vorzeichen)
- sehr viel Zeit, um das Traden in allen Facetten zu lernen (Chart ist Chart)
- geringere Anspannung, Zeit für die Beobachtung der Märkte, Überlegungen und Reaktionen
- Zeit für die Stoppeingaben und das dynamische Anpassen und Nachziehen
- geplantes und überlegtes Trading wird erleichtert
- Dochte und Lunten sind bei den Candle Sticks wesentlich kürzer und keinesfalls so extrem in den Ausformungen

- dadurch besteht geringere Ausstoppungsgefahr
- die überwiegende Anzahl der Trader sind Banken und institutionelle Anleger (berechenbarere Märkte)
- die Tageseinschätzung ist in aller Regel etwas unproblematischer (unsicherer Aktienmarkt, schlechte Rahmenbedingungen, Ängste in den Märkten = Flucht in den sicheren Hafen der festverzinslichen Anleihen)
- Positionen können auch über längere Zeiträume (Stunden) gehalten werden
- geringerer Absicherungsstopp genügt (in aller Regel fünf bis sechs Hundertstel-Punkte)
- Positionstrading ist aus oben genannten Gründen leichter möglich
- „seriösere Marktteilnehmer" mit eher berechenbaren Strategien als Gegner im Markt

Möglichkeiten einer sinnvollen Risikobegrenzung

10

Setzen von Stopp-Loss-Orders im System

Denken Sie immer an den alten und doch so weisen Börsenspruch: „Verluste muss man begrenzen und Gewinne soll man laufen lassen." Dies ist eine elementare Grundregel für das gesamte Börsengeschäft, jedoch in extremster Form bezogen auf das Daytrading.

Angenommen, Sie steigen bei 7.000 DAX-Punkten in den Markt ein, sind bullish und gehen long. Sie setzen daher auf steigende Kurse.

Da Sie aber nicht wissen, ob Ihre Vermutung richtig ist, setzen Sie einen Verkaufstopp bei 6.995 Punkten. Sollte nun der Kurs in die entgegengesetzte Richtung gehen, also bis zur Marke von 6.995 Punkten fallen, so löst das System automatisch eine Verkaufsorder aus, so dass Sie maximal fünf Punkte Verlust erleiden können, woraus sich ein Betrag von 125 Euro errechnet. Jeder Punkt im DAX-Future hat einen Wert von 25 Euro. Die Gebühr für den durchgeführten Roundturn beträgt weitere zehn Euro, so dass ein maximaler Verlust von 135 Euro eintreten kann.

Praxis-Tipp:

Diese Stopptechnik ist eines Ihrer wirksamsten Mittel einer Risikobegrenzung, wenn Sie diese konsequent anwenden. Ich darf es Ihnen dringend anraten. Setzen Sie aus psychologischen Gründen den Stopp maschinell, so dass der Computer selbstständig verkauft und Sie persönlich nicht mehr aktiv werden müssen.

Ihre Einschätzung erweist sich jedoch als richtig, und der Kurs steigt in wenigen Minuten auf 7.020 Punkte. Nun ziehen Sie Ihre Verkaufsorder von 6.995 Punkten auf 7.010 Punkte. Der Kurs steigt weiter, und nach kurzer Zeit erreicht der Future einen Wert von 7035 Punkten. Nun ziehen Sie Ihren Stopp auf 7.025 Punkte nach.

Dies bedeutet, dass Sie nun bereits 25 Punkte gesichert haben und dass Ihnen eine Schwankung oder Trendwende bis zu zehn Punkten nichts anhaben kann.

Steigt der Kurs weiter auf 7.050 Punkte, so ziehen Sie den Stopp nun auf 7.035 Punkte hoch und sichern dadurch den Gewinn nach unten ab. Ihre Schwankungsbreite haben Sie nun auf 15 Punkte erhöht. Sie führen dies konsequent durch, bis Sie ausgestoppt werden, das heißt eine Trendumkehr erfolgt, die das Verkaufssignal auslöst.

Praxis-Tipp:

So kann es Ihnen gelingen, auch größere und langfristige Trends, in welche Richtung auch immer, zu Ihrem Vorteil auszunutzen. Bleiben Sie dem Grundsatz treu, dass der Trend Ihr Freund ist.

Physische Anwesenheit am Arbeitsplatz

Das Daytrading, und dabei noch verstärkt der Handel mit dem Future, erfordert zwingend Ihre tatsächliche Anwesenheit vor dem Bildschirm. Dies ist leider keine leere Floskel, sondern die Wahrheit in der Praxis, denn alles andere wird Sie spürbar Geld kosten!

Da der Futurehandel oft nur ein Stunden- oder teilweise auch nur ein Minuten- oder Sekundengeschäft ist, müssen Sie hochkonzentriert und jederzeit fähig sein, entsprechend der Situation eingreifen zu können.

Einen Kaffee zu trinken oder ein Gespräch zu führen, ist möglich. Jedoch müssen Sie die wesentlichsten Daten immer im Blickfeld haben.

Dies bedeutet konkret:

- Beobachtung und Auswertung der eingehenden Wirtschaftsnachrichten
- kontinuierliche Prüfung der Chartkonstellation
- eingehende Analystenmeinungen in Ihre Überlegungen aufnehmen
- Empfehlungen beachten, die über die Fernsehprogramme NTV und Bloomberg gesendet werden, da diese oft Reaktionen im Markt auslösen können

Die nachfolgenden Hausaufgaben sollten Sie bereits erledigt haben oder teilweise regelmäßig nacharbeiten, da sich die Daten und damit die Markteinschätzung laufend verändern kann.

Das müssen Sie wissen:

- Welche wichtigen Börsentermine oder Entscheidungen stehen heute um welche Uhrzeit an?
- Wie läuft der vorbörsliche Handel in den USA?
- Wie ist das Verhältnis Dollar zum Euro?
- Wie verhalten sich die Rentenmärkte?
- Welche Markttendenz ist heute vorherrschend?
- Wie hoch ist das Umsatzvolumen im Futurehandel an der EUREX?

Achtung: Sollten Sie eine längere Pause benötigen, zum Mittagessen oder um Erledigungen vorzunehmen, so empfehle ich Ihnen auch an dieser Stelle wieder, Ihre Position glattzustellen und sich aus dem Markt zu verabschieden. Dann können Sie ohne nervliche Belastung und Stress Ihre privaten Dinge erledigen.

Praxis-Tipp:

- Prüfen Sie täglich mehrere Male Ihre offenen Positionen. Es kommt nicht selten vor, dass jemand in der Hektik des Handels, vor allem dann, wenn mehrere Positionen mit in der Anzahl unterschiedlichen Kontrakten eröffnet sind, die Übersicht verliert und offene Positionen vergisst. Dies kann sehr teuer werden.
- In den verschiedenen Systemen gibt es eigene Fenster, die immer den aktuellen Stand der noch offenen Positionen anzeigen.

Professionelles Risk- und Money-Management betreiben

Risk- und Money-Management beschäftigt sich mit den Auswirkungen von Tradingentscheidungen auf das zum Handel zur Verfügung stehende Kapital unter Berücksichtigung wahrscheinlichkeitstheoretischer Aspekte.

Praxis-Tipp:

Zielsetzung ist der optimale Einsatz des zur Verfügung stehenden Kapitals zur Maximierung der eigenen Performance unter der Prämisse Sicherstellung der „Überlebensfähigkeit" in den Märkten.

Zu unterscheiden ist zwischen Risk-Management im engeren und weiteren Sinn.

Risk-Management im engeren Sinn beschäftigt sich mit Beträgen (prozentual und absolut), die wir unter Berücksichtigung der Eintrittswahrscheinlichkeit für einen Verlust als Preis für die Chance auf Gewinn zu verlieren bereit sind beziehungsweise in Abhängigkeit der jeweilig vorherrschenden Marktverhältnisse intelligenterweise zu verlieren bereit sein sollten.

Folgende Fragen sind beim Risk-Management im engeren Sinn unter anderem zu beantworten:

- Wie viel Prozent meines Kapitals bin ich bereit, im Trading dem Verlustrisiko auszusetzen?
- Wie viel Prozent meines Kapitals bin ich bereit, pro Trade zu riskieren?
- Wie viel Prozent eines bereits erzielten, aber noch nicht realisierten Gewinns bin ich bereit, wieder zu verlieren?
- Wie viel Prozent meines Kapitals bin ich bereit, pro Tag und Monat zu riskieren?

Durch die Höhe des akzeptierten Verlustrisikos in einem Trade bestimmt sich der von Ihnen oder mir angewandte Hebel (Leverage).

Risk-Management im weiteren Sinn beschäftigt sich mit allen Techniken und Strategien, die der Risikoreduktion und Absicherung (Hedging) dienen. Hierunter fällt somit auch die Wahl des entsprechend eines gegebenen Marktumfelds geeigneten Instruments (z.B. Future, CFD oder Option). Des Weiteren die Entscheidung darüber, ob unter bestimmten Marktverhältnissen (z.B. extrem erhöhte Volatilität) es überhaupt sinnvoll ist, zu traden.

Money-Management stellt einen Zusammenhang her zwischen:

- Chance
- Risiko

- Wahrscheinlichkeiten und
- dem zur Verfügung stehenden Kapital

Welchen Preis bin ich bereit, für welches Risiko zu bezahlen beziehungsweise bezahlen zu können?

Praxis-Tipp:

Risk- und Money-Management üben einen erheblichen Einfluss auf die erzielte Performance sowie auf das psychologische Verhalten eines jeden Spekulanten (Marktteilnehmers) aus. Kurzfristige Positionsreduzierung bei Kursentwicklungen entgegen eingenommener Positionen, mögliche Positionsverstärkung bei gewinnträchtigen Positionen können äußerst sinnvolle Mittel eines durchdachten Risk- und Money-Managements sein.

Hinweise des Risk-Managements unbedingt beachten

Auch wenn Sie mit Ihrem eigenen Geld spekulieren, so ist es doch ein Zeichen von Vernunft, die Hinweise des Risk-Managements zu beachten.

Haben Sie eine gute Brokerbank und ein gut funktionierendes Trading-Center als Partner, so werden Sie zumindest von der Brokerbank entsprechende Warnsignale erhalten, wenn Ihr Trading-Konto bestimmte Untergrenzen erreicht.

Praxis-Tipp:

Es sollte dann nicht damit getan sein, einen Margin-Call zu erfüllen, das heißt Geld neu nachzuschießen, denn oft sitzt das Problem an einer ganz anderen Stelle. Es könnte sein, dass Sie

- technisch oder fachlich überfordert sind,
- Ihre Handelstechniken neu überlegen oder ändern sollten,
- zusätzlichen Schulungsbedarf benötigen,
- andere Defizite haben oder
- überhaupt nicht als Daytrader geeignet sind.

Dies sollte zu ergründen versucht werden, um Ihnen damit Hilfestellung geben zu können.

Kleines Daytrading-Lexikon

11

Nur die Kenntnis relevanter Fachbegriffe und deren Zusammenhänge ermöglicht es Ihnen, stichhaltig zu argumentieren und zu korrespondieren.

Arbitrage

Profit von Preisunterschieden beim Handel an verschiedenen Börsen.

Ask

Briefkurs (Angebot).

Ask–Size

Anzahl der angebotenen Kontrakte.

Baisse

Ausgeprägter Kursrückgang an den Börsen. Die Kurseinbußen erstrecken sich beim Wertpapierhandel über den Renten- und Aktienmarkt oder zumindest auf sehr wichtige Teilbereiche eines dieser Märkte. Das Gegenteil nennt man Hausse.

Basiswert

Damit sind Indizes, Aktien, Währungen, Anleihen oder auch Rohstoffe gemeint.

Benchmark

Richtgröße, Orientierungspunkt, bei Wertpapierdepots meist ein Index.

Bid

Geldkurs (Nachfrage).

Bid-Size

Anzahl der nachgefragten Kontrakte.

Blue Chip

Amerikanischer Name für Aktien von ertrags- und substanzstarken Firmen und Unternehmen.

Broker

Wertpapiermakler.

Bullish

Die Kurse gehen steil nach oben. Optimisten beherrschen das Marktgeschehen.

BUND-Futures

An der EUREX und der LIFFE gehandelte standardisierte Termingeschäfte auf eine Anleihe der Bundesrepublik Deutschland.

Candlestick-Charts

Japanische Chartbalken mit Dochten. Standardchart für Daytrader aufgrund der hohen Aussagekraft.

Cash-Settlement

Ausgleich des Bewertungsergebnisses bei physisch nicht erfüllbaren Termingeschäften (z. B. Futures, Optionen, Indizes etc.).

Chart

Graphische Darstellung von Kursverläufen einzelner Wertpapiere oder auch von Branchen- und Börsenindizes.

Chartist

Vertreter der „Technischen Analyse". Bedient sich der Kursdiagramme der Vergangenheit, um anhand bestimmter, typischer, wiederkehrender Formationen eine Kursprognose abzugeben.

Clearing

Zentrale Verrechnung von Forderungen und Verbindlichkeiten mit dem Ergebnis, dass nur die sich zu Gunsten oder zu Lasten eines jeden Teilnehmers ergebenden Salden gutgeschrieben beziehungsweise belastet werden.

Clearing House

Verrechnungsstelle an den Terminbörsen. In Deutschland die EUREX-Börse in Frankfurt. Diese zentrale Abrechnungsstelle übernimmt die Mittlerrolle beim Ausgleich der Positionen und tritt nach Abschluss der Transaktion als eigentlicher Marktpartner für Käufer und Verkäufer ein.

Commodities

Darunter versteht man im Termingeschäft den Handel mit Rohstoffen, Edel- und Industriemetallen, Waren und Getreide.

Computerbörse

Börsentyp (z. B. Xetra), bei dem der gesamte Handelsprozess komplett automatisiert ist. Es beginnt mit der computerunterstützten

Ordereingabe (Wertpapierorder), dann folgt die automatische Übermittlung an die Computerbörse, mit automatischer Weiterleitung der Lieferungs- und Zahlungsverpflichtungen aus den Geschäften, bis zur Verbreitung von Handelsinformationen an die Marktteilnehmer.

DAX

Kürzel für Deutscher Aktien Index.

Der DAX enthält die Kurse von derzeit 30 deutschen Standardwerten. Die Gesellschaften, die in die Berechnung einbezogen werden, sollten seit mindestens drei Jahren zum variablen Marktsegment des amtlichen Handels an der Frankfurter Wertpapierbörse zugelassen sein. Weitere Auswahlkriterien für die einzubeziehenden Gesellschaften sind Umsatzstärke, Börsenkapitalisierung, Vorhandensein früher Eröffnungskurse und Branchenrepräsentativität.

Das Gewicht einer Aktie im Index bemisst sich nach dem Anteil an der gesamten Kapitalisierung. Hierzu wird der Kurs jeder Aktie mit der an der Frankfurter Wertpapierbörse zugelassenen und für lieferbar erklärten Anzahl der Aktien gewichtet.

Der DAX wurde in Fortführung des Index der Börsenzeitung als Performance-Index gestaltet. Seine historische Zeitreihe reicht bis 1959 zurück. Als Basis wurde der 30.12.1987 auf 1000 gesetzt. Der DAX ist als Realtime-Index konzipiert und wird jede Minute neu berechnet.

Delta

Das Delta einer Option gibt näherungsweise an, um welchen Betrag sich der Preis der Option verändert, wenn der Kurs des zugrunde liegenden Basiswertes um eine Einheit steigt. Das Delta eines Calls liegt zwischen Null und Eins, während das Delta des Puts Null bis minus Eins beträgt.

Dow-Jones-Future

Aus dem Dow-Jones abgeleiteter Futurekontrakt.

Dow-Jones-Index

Schon vor der Jahrhundertwende veröffentlichte das Verlagshaus Dow-Jones & Co. für die New York Stock Exchange (NYSE)-Indizes über 30 Industrieaktien, 20 Eisenbahnwerte, 15 Energieversorgungsaktien und einen Gesamtindex aller 65 Werte. Besonders der Industrieindex genießt durch seine schnelle Verbreitung weltweite Beachtung und gilt daher als „der" Dow-Jones-Index.

Forex-Handel

Futurekontrakte, die aus dem Devisengeschäft (z. B. Dollar gegen Euro) abgeleitet werden.

Futures

Hinsichtlich Menge, Qualität und Liefertermin standardisierte Terminkontrakte, bei welchen zu einem bestimmten zukünftigen Zeitpunkt ein dem Geld- und Kapital-, Edelmetall- oder Devisenmarkt zugehöriges Handelsobjekt zum börsenmäßig festgesetzten Kurs zu liefern beziehungsweise abzunehmen ist. Häufig ist bei derartigen Kontrakten (z.B. Terminkontrakten auf Basis von Aktienindizes) zur Erfüllung der bestehenden Verpflichtung (anstelle einer körperlichen Wertpapierlieferung oder -abnahme) eine Ausgleichszahlung zu leisten.

Gap

Kurslücke zwischen dem Schlusskurs und dem Eröffnungskurs einer Börsennotierung (Aktie, Index etc.).

Hausse

Kurssteigerungen an der Wertpapierbörse und damit wirtschaftlicher Aufschwung und Hochkonjunktur. Der Kursanstieg hält über einen längeren Zeitraum an. Oft ist ein Kursanstieg auf einzelne Wertpapierbereiche beschränkt. Das Gegenteil einer Hausse ist die Baisse.

Hebel

Der Hebel (Leverage-Effekt) beschreibt die überproportionale Auswirkung einer Kursbewegung des Basiswertes auf den Preis eines Optionsscheines. Er gibt an, um wie viel die prozentuale Kursänderung der Option größer ist als die Kursänderung des Basisobjektes. Der Hebel berechnet sich durch Division des Basiskurswertes durch die Optionsprämie.

Hedging

Absicherung eines Portefeuilles, beispielsweise durch Futures, Swaps oder Optionen (Derivate).

Index

Nachbildung eines Marktes in Form einer Kennzahl.

Indikator

Werden im Besonderen bei der technischen Analyse eingesetzt. Sie sollen konkrete Kauf- und Verkaufshinweise geben. Weiterhin können damit Divergenzen im Kursverlauf untersucht werden.

Indizes

ATX	Österreich
AMEX	USA-Börse
Bovespa	Brasilien
CAC	Frankreich
DAX	Deutschland

Dow Jones	USA-Börse
FTSE	Großbritannien
Hang Seng	Hongkong
IBEX	Spanien
IPC	Mexiko
KFX	Dänemark
Madrid General	Spanien
MIB	Italien
NASDAQ	USA-Börse
Nikkei	Japan
Russel	USA-Börse
S&P	USA-Börse

Initial Margin

Sicherheitsleistung, die bei der Aufnahme eines Future-Geschäfts (Options & Futures) zu hinterlegen ist – auch Ersteinschuss genannt.

Leverage-Effekt

Deutsch: Hebelwirkung. Im Optionsgeschäft das Verhältnis zwischen der größten prozentualen Kursänderung einer Option zur prozentualen Kursänderung des zugrunde liegenden Basiswertes. Die Hebelwirkung kann niemals kleiner als Eins sein. Daraus folgt bei Optionsgeschäften, dass der absolute Gewinn/Verlust bei gleichen Anlagebeträgen immer größer ist als bei Aktiengeschäften direkt.

Long

Es wird eine Kaufposition eröffnet in der Erwartung steigender Preise.

Long-Position

Hausseposition im Terminhandel. Durch den Kauf eines (noch) nicht im Besitz befindlichen Wertpapiers hat der Käufer eine Long-Position in diesem Papier. Gerechnet wird somit mit steigenden Kursen.

Margin

Sicherheitseinlage, Differenz, Einschuss.

Open Interest

Anzahl der offenen Kontrakte.

Oszillatoren

Dieser Begriff kommt ursprünglich aus der Physik. Sie erzeugen Schwingungen und pendeln auf und ab.

Range

Bezeichnet die Differenz zwischen dem Höchstkurs und dem Tiefstkurs einer Aktie oder eines Index innerhalb eines genau fixierten Zeitabschnittes, zum Beispiel Tages-Range.

Realtime Kurse

Gegen Bezahlung stellt die Deutsche Börse und die EUREX die Kurse aller gelisteten Aktien und Indizes in Realtime (Echtzeit) zur Verfügung. Die aus dem Internet ersichtlichen Kurse haben in aller Regel eine Verzögerung von mindestens 15 Minuten.

Settlement

Bezeichnung für die Erfüllung eines Finanzgeschäftes, insbesondere eines Termingeschäftes. Es gibt das Cash-Settlement (Differenzausgleich in Geld) und das physische Settlement (Lieferung des Basiswertes).

Short

Leerverkauf. Es wird eine Verkaufsposition eröffnet in der Erwartung fallender Kurse.

Short-Position

Durch Verkauf eines (noch) nicht im Besitz befindlichen Wertpapiers (Leerverkauf) hat der Verkäufer eine Short-Position in diesem Papier. Es wird mit fallenden Kursen gerechnet.

Spread

Differenz bei gleichzeitigem Kauf und Verkauf einer Option mit unterschiedlichem Preisniveau, Basispreis oder Laufzeit. Wird auch als Differenz zwischen Geld- und Briefkurs sowie zwischen An- und Verkaufspreisen bezeichnet.

Tick

Kleinste nach den Kontrakt- beziehungsweise Geschäftsbedingungen mögliche Preisänderung bei Geschäften an Termin- oder Kassabörsen.

Ticksize

Darunter ist die kleinste handelbare Einheit eines Futures zu verstehen.

Tickvalue

Drückt den Preis der kleinsten handelbaren Einheit aus.

Trader

Investor oder Spekulant, der in kurzen Zeitintervallen handelt, also kurzfristig kauft und verkauft.

Trading

Kurzfristiger Handel an den Börsen.

Volatilität

Zeigt die Schwankungsbreite eines Kurses. Sie dient als Maß für erwartete und tatsächliche Kursbewegungen und für die Beurteilung der Gewinn- und Verlustwahrscheinlichkeit. Sie ist darum in der Bewertung von Optionen eine entscheidende Größe. Hohe Volatilität steht für starke Kursbewegungen, so dass die Wahrscheinlichkeit einer zukünftigen ertragreichen Ausübungsmöglichkeit für eine Option steigt.

Volumen

Anzahl der während einer bestimmten Zeitspanne gehandelten Kontrakte (in der Regel ein Tag).

Währungsanleihen

Anleihen eines ausländischen Emittenten, die in eigener oder fremder Währung im Inland begeben werden, oder Anleihen inländischer Emittenten, die auf eine fremde Währung lauten und im Ausland begeben worden sind.

WKN

Wertpapier-Kennnummer.

Xetra

Xetra ist ein elektronisches System für den Handel mit Wertpapieren am Computer. Es ermöglicht Börsenmitgliedern den Handel von jedem beliebigen Standort aus. Wer auf Xetra handeln will, benötigt eine Zulassung bei einer deutschen Wertpapierbörse.

Zeichnen

Um in den Besitz neu ausgegebener Wertpapiere zu gelangen (Neuemission), bevor sie an der Börse gehandelt werden, zeichnet man sie.

Hilfreiche Adressen

12

Discountbroker

comdirect bank AG
Pascalkehre 15
25451 Quickborn
www.comdirect.de

CortalConsors
Postfach 17 43
90006 Nürnberg
www.cortalconsors.de

Direkt Anlage Bank
Landsberger Str. 428
81241 München
www.dab-bank.com

Fimatex AG
Wildunger Str. 6a
60487 Frankfurt/M.
www.fimatex.de

Maxblue
Theodor-Heuss-Allee 72
60468 Frankfurt/M.
www.maxblue.de

OnVista AG
Sophienstr. 3
51149 Köln
www.onvista.de

Onlinebroker

www.directa.com

www.etrade.de

www.iwbank.de

www.saxobank.com

www.varengold.de

www.xtrade.de

Literaturhinweise

Abell, H.: Erfolgsrezept Day Trading. Hoppenstedt Financial Information.

Angell, G.: Day Trading im Visier. FinanzBuch Verlag.

Barnes, R. M.: Das Buch zum Day-Trading. TM Börsenverlag.

Borsellino, L. J.: Der Daytrader. FinanzBuch Verlag.

Chande, T. S.: Das große Buch der Tradingkonzepte. TM Börsenverlag.

Cooper, J.: Hit and Run Strategien. FinanzBuch Verlag.

Elder, A.: Die Formel für Ihren Börsenerfolg. FinanzBuch Verlag.

Florek, E.: Neue Trading-Dimensionen. FinanzBuch Verlag.

Goldberg, J./von Nitzsch, R.: Behavioral Finance. FinanzBuch Verlag.

Gresser, U. S.: Lexikon der technischen Indikatoren. FinanzBuch Verlag.

Hierstetter, G.: Profi-Handbuch Daytrading. Walhalla Fachverlag.

Murphy, J. J.: Technische Analyse der Finanzmärkte. FinanzBuch Verlag.

Natter, A.: Futures & Options. Langen/Müller.

Nison, S.: Technische Analyse mit Candlesticks. FinanzBuch Verlag.

Patel, A. B.: Trading Online. Financial Times Prentice Hall.

Priermeier, T.: Geld verdienen mit Daytrading. Moderne Industrie.

Raschke, L. B./Connors, L.: Top-Trading-Gewinne. TM Börsenverlag.

Ross, J.: Day Trading. FinanzBuch Verlag.

Schwager, J. D.: Technische Analyse. FinanzBuch Verlag.

Wilkinson, C.: Das Große Buch der Börsen-Techniker. TM Börsenverlag.

Daytrading-Beratung mit Georg Hierstetter

Wenn Sie sich wirklich intensiv für das Börsengeschehen interessieren, dann sollten Sie völlig neue Wege gehen. Darunter ist zu verstehen, dass Sie Ihre technischen Möglichkeiten verbessern und zugleich Ihre Handelstaktik verändern.

Ziel ist es, gegenüber weiteren Marktteilnehmern sowohl einen Informations- wie auch Zeitvorsprung zu erreichen. Gerade diese Faktoren entscheiden an den Börsen sehr oft über Gewinn oder Verlust!

Die Firma E.B.S. Electronic-Brokerage-Service GmbH, jetzt Direct-Daytrading GmbH eröffnete Mitte 1999 das erste Daytrading-Center in Bayern. Sie finden bei uns höchste Technik, verbunden mit einem optimalen Informations- und Handelssystem. Dies versetzt Sie in die Lage, fundierte Handelsentscheidungen treffen und innerhalb von Sekunden an den Börsen umsetzen zu können.

Wenn Sie noch nicht über die nötigen Kenntnisse verfügen, bieten wir Ihnen Seminare zu folgenden Themen:

- Einsteigerkurs Daytrading
- Aufbaukurs Daytrading
- Professionelles Daytrading

Auf Wunsch erfolgen auch individuelle Einarbeitungsschulungen.

Wir laden Sie hierzu gerne ein. Unsere Technik – und daraus resultierend die Erfolgschancen an der Börse – werden Sie überzeugen.

Unsere Daten:

Direct-Daytrading GmbH
Nordgaustr. 13
93164 Laaber
Tel.: 0 94 98-90 22 36
Fax: 0 94 98-90 22 37
E-Mail: info@direct-daytrading.de
Internet: www.direct-daytrading.de

Stichwortverzeichnis